60 Weihnachtsgeschichten zum Vorlesen
in Kindergarten, Schule und Gemeinde

Willi Hoffsümmer

Das Wunder dieser Nacht

HERDER

FREIBURG · BASEL · WIEN

3. Auflage 2002

www.herder.de

Umschlaggestaltung: Finken & Bumiller
Umschlagmotiv: Mauritius, Stuttgart
Herstellung: fgb · freiburger graphische betriebe 2002
www.fgb.de
Gedruckt auf umweltfreundlichem, chlorfrei gebleichtem Papier
Printed in Germany

ISBN 3-451-27629-1

INHALT

I. GESCHICHTEN FÜR 3- BIS 7-JÄHRIGE

(also auch für das 1. und 2. Schuljahr)

II. GESCHICHTEN FÜR GRUNDSCHÜLER/INNEN

1. Wie Ochs und Esel an die Krippe kamen

Hinführung: (Überschrift nicht vorlesen)

Wir hören, wer ganz nahe an der Krippe stehen darf.

Vorlesedauer ca. 2 Minuten.

Als Josef mit Maria auf dem Weg nach Bethlehem war, rief ein Engel die Tiere heimlich zusammen, um einige auszuwählen, der Heiligen Familie im Stalle zu helfen. Als Erster meldete sich natürlich der Löwe: »Nur ein König ist würdig, dem Herrn der Welt zu dienen«, brüllte er, »ich werde jeden zerreißen, der dem Kinde zu nahe kommt!«

»Du bist mir zu grimmig«, sagte der Engel.

Darauf schlich sich der Fuchs näher. Mit unschuldiger Miene meinte er: »Ich werde sie gut versorgen. Für das Gotteskind besorge ich den süßesten Honig und für die Wöchnerin stehle ich jeden Morgen ein Huhn!«

»Du bist mir zu verschlagen«, sagte der Engel.

Da stelzte der Pfau heran. Rauschend entfaltete er sein Rad und glänzte in seinem Gefieder. »Ich will den armseligen Schafstall prächtiger schmücken als Salomon seinen Tempel!«

»Du bist mir zu eitel«, sagte der Engel.

Es kamen noch viele und priesen ihre Künste an. Vergeblich. Zuletzt blickte der strenge Engel noch einmal suchend um sich und sah Ochs und Esel draußen auf dem Felde dem Bauern dienen. Der Engel rief auch sie heran: »Was habt ihr anzubieten?«

»Nichts«, sagte der Esel und klappte traurig die Ohren herunter, »wir haben nichts gelernt außer Demut und Geduld. Denn alles andere hat uns immer noch mehr Prügel eingetragen!« Und der Ochs warf schüchtern ein: »Aber vielleicht könnten wir dann und wann mit unseren Schwänzen die Fliegen verscheuchen!«

Da sagte der Engel: »Ihr seid die Richtigen!«

Seitdem stehen Ochs und Esel an der Krippe.

Karl Heinz Waggerl

2. Geteiltes Licht brennt heller

Hinführung: Du kannst nicht nur Schokolade teilen: Kann ich auch einen Ball teilen? Ja, indem ich den anderen mitspielen lasse. Wir hören von einem Mann, der anfangs überhaupt nicht teilen wollte.

Vorlesedauer ca. 3 Minuten.

Es war einmal ein Mann. Er besaß ein Haus, einen Ochsen, eine Kuh, einen Esel und eine Schafherde.

Der Junge, der die Schafe hütete, besaß einen kleinen Hund, einen Rock aus Wolle, einen Hirtenstab und eine Hirtenlampe.

Auf der Erde lag Schnee. Es war kalt und der Junge fror. Auch der Rock aus Wolle schützte ihn nicht. »Kann ich mich in deinem Haus wärmen?«, bat der Junge.

»Ich kann die Wärme nicht teilen. Das Holz ist teuer«, sagte der Mann und ließ den Jungen in der Kälte stehen.

Da sah der Junge einen großen Stern am Himmel. »Was ist das für ein Stern?«, dachte er. Er nahm seinen Hirtenstab, seine Hirtenlampe und machte sich auf den Weg.

»Ohne den Jungen bleibe ich nicht hier«, sagte der kleine Hund und folgte seinen Spuren.

»Ohne den Hund bleiben wir nicht hier«, sagten die Schafe und folgten seinen Spuren.

»Ohne die Schafe bleibe ich nicht hier«, sagte der Esel und folgte ihren Spuren.

»Ohne den Esel bleibe ich nicht hier«, sagte die Kuh und folgte seinen Spuren.

»Ohne die Kuh bleibe ich nicht hier«, sagte der Ochse und folgte ihren Spuren.

»Es ist auf einmal so still«, dachte der Mann, der hinter seinem Ofen saß. Er rief nach dem Jungen, aber er bekam keine Antwort. Er ging in den Stall, aber der Stall war leer. Er schaute in den Hof hinaus, aber die Schafe waren nicht mehr da. »Der Junge ist geflohen und hat alle meine Tiere gestohlen!«, schrie der Mann, als er im Schnee die vielen Spuren entdeckte. Doch kaum hatte der Mann die Verfolgung aufgenommen, fing es an zu schneien. Es schneite dicke Flocken. Sie deckten die Spuren zu. Dann erhob sich ein Sturm, kroch dem Mann unter die Kleider und biss ihn in die Haut. Bald wusste er nicht mehr, wohin er sich wenden sollte. Der Mann versank immer tiefer im Schnee. »Ich kann nicht mehr!«, stöhnte er und rief um Hilfe.

Da legte sich der Sturm. Es hörte auf zu schneien und der Mann sah einen großen Stern am Himmel. »Was ist das für ein Stern?«, dachte er.

Der Stern stand über einem Stall, mitten auf dem Feld. Durch ein kleines Fenster drang das Licht einer Hirtenlampe. Der Mann ging darauf zu. Als er die Tür öffnete, fand er alle, die er gesucht hatte: die Schafe, den Esel, die Kuh, den Ochsen, den kleinen Hund und den Jungen.

Sie waren um eine Krippe versammelt. In der Krippe lag ein Kind. Es lächelte ihm entgegen, als ob es ihn erwartet hätte.

»Ich bin gerettet«, sagte der Mann und kniete neben dem Jungen vor der Krippe nieder.

Am anderen Morgen kehrten der Mann, der Junge, die Schafe, der Esel, die Kuh, der Ochse und auch der kleine Hund wieder nach Hause zurück. Auf der Erde lag Schnee. Es war kalt. »Komm ins Haus«, sagte der Mann zu dem Jungen, »ich habe Holz genug. Wir wollen die Wärme teilen.«

Max Bolliger

2. Geteiltes Licht brennt heller

3. Vom Weihnachtslicht

Hinführung (in einem abgedunkelten Raum mit einer brennenden Kerze vorlesen): Das Kind in der Krippe braucht uns, um die Welt heller und schöner und wärmer zu machen.
Vorlesedauer ca. 2 Minuten.

Immer wenn es dunkel ist und so eine kleine brennende Kerze Licht und Wärme schenkt, dann muss ich an die Geschichte des kleinen Hirten denken, der auch zum Stall nach Bethlehem wollte.

Alle Hirten hatten sich bereits schöne Geschenke zurechtgelegt: eine warme Decke, eine Kanne mit frischer Schafsmilch, einen Ziegenkäse; einer wollte sogar ein Schäfchen mitnehmen. Nur der kleine Hirtenjunge fand nichts Richtiges, obwohl er mit einer kleinen Kerze jede Ecke absuchte. Schließlich liefen dem Kind die Tränen über die Wangen, weil es so arm war. Da neigte sich ein großer Hirt zu ihm herunter und fragte: »Warum weinst du?«

»Weil ich nichts für das Kind in der Krippe habe!«, antwortete der Junge. Da beugte sich der Hirte noch tiefer: »Du hast das Schönste, was du schenken kannst, schon in der Hand!«

»Wieso?«, fragte der kleine Hirte. »Soll ich dem Kind vielleicht diese kleine Kerze schenken?«

Da flüsterte der große Hirte: »Der Engel hat uns gesagt: ›Heute ist in Bethlehem Jesus geboren worden. Er meint es gut mit allen Menschen.‹ Dabei leuchtete um ihn herum ein himmlisches Licht. So hell wie Tausende von Kerzen. Das war der Glanz Gottes, der den Engel geschickt hatte. Wenn du dem Kind die Kerze schenkst mit ihrem hellen Schein, dann wissen wir alle, aus welcher Herrlichkeit dieses Kind kommt: Es kommt von Gott. Und es bringt Licht in die Welt!«

Da wurde der Junge froh, legte die Hand schützend um die Flamme und ging mit den Hirten durch die Nacht. Als sie den Stall endlich erreichten, war es dort kalt und dunkel. Aber die kleine Kerze des Hirtenjungen leuchtete, sodass alle Maria, Josef und das Kind in der Krippe sehen konnten. Das kleine Licht brachte auch etwas Wärme in den Stall. Da knieten sie alle nieder vor dem Kind auf Stroh, das in die Welt gekommen war, um Licht in ihre Dunkelheit zu bringen. Sie konnten das Leuchten in den Augen Marias und Josefs sehen, als sie all die Geschenke betrachteten. Die Hirten aber sagten leise zueinander: »Das kleine Licht ist das allerschönste Geschenk, weil es uns das Jesuskind anleuchtet, das aus dem Lichte Gottes kommt!«

Seitdem zünden die Menschen an der Krippe Kerzen an, um das Kind zu beleuchten, das uns Licht und Wärme in die Welt gebracht hat.

Rolf Krenzer

4. Der allerkleinste Tannenbaum

Hinführung: Manchmal sagen die Großen: »Dafür bist du noch viel zu klein!« Wir hören eine Geschichte, die sagt: Du bist groß genug, um zum Kind in der Krippe zu gehen!

Vorlesedauer ca. 3 Minuten.

Einmal flog ein kleiner bunter Vogel kurz vor Weihnachten zum Fest in die Stadt. Da sah er auf einem Hügel einen kleinen, allerkleinsten Tannenbaum. »Gehst du nicht in die Stadt?«, fragte ihn der Vogel.

Der kleine Tannenbaum brach sofort in Tränen aus: »Meine großen Brüder haben gesagt, ich sei zu klein für einen Weihnachtsbaum. Immer wieder haben sie gesagt: ›Du bist zu klein. Du musst schneller wachsen.‹ Jetzt sind sie alle in die Stadt geholt worden. Nur ich bin stehen gelassen worden. Ich fühle mich hier sehr einsam und allein.«

Der kleine bunte Vogel hatte Mitleid mit dem Tannenbäumchen, setzte sich unter seine Äste und sagte: »Weißt du was? Ich bleibe diese

Nacht bei dir. Dann brauchst du weniger Angst zu haben. Und sei nicht traurig: Eines Tages bist du größer. Dann holen sie dich auch in die Stadt, schmücken dich mit Kugeln und Sternen, Lametta und Kerzen und legen Geschenke unter deine Zweige. Dann singen sie schöne Weihnachtslieder und das Kind in der Krippe lacht alle an. Also, hör auf zu weinen!« Müde schliefen Vogel und Tanne ein. Während sie schlummerten, begann es leise zu schneien.

Als sie am nächsten Morgen erwachten, wischte sich der Vogel Schneeflocken aus dem Gefieder. Der allerkleinste Tannenbaum glänzte wunderschön in seinem weißen Kleid in der Sonne. Jetzt war er der schönste Weihnachtsbaum, den man sich denken konnte. Da sagte der allerkleinste Tannenbaum: »Lieber Vogel, flieg jetzt in die Stadt zum Jesuskind in der Krippe, zu Maria und Josef und sing ihnen – auch für mich – das schönste Lied, das du singen kannst. Und bestell dem Kind in der Krippe viele Grüße von mir. Wenn ich größer bin, will auch ich zu ihm kommen.«

Der Vogel flog los. Der allerkleinste Tannenbaum schaute ihm nach, solange er konnte. Er lauschte angestrengt, ob er nicht einen einzigen Ton des schönsten Liedes vernehmen könnte. Da hörte er eine Stimme neben sich flüstern: »Du bist nicht zu klein für Weihnachten, lieber Tannenbaum, denn ich bin ebenso klein wie du!« Es war das Jesuskind selber, das zu ihm gesprochen hatte. Da war der kleine Tannenbaum sehr glücklich. Er rief voller Freude: »Habt ihr gehört! Ich bin nicht zu klein! Ich bin genauso groß wie das Kind in der Krippe!«

Und der kleine Tannenbaum beklagte sich nie wieder. Er hörte auf, traurig zu sein und konnte frohen Herzens warten.

Masahiro Kasuya

5. Wozu die Liebe den Hirtenknaben veranlasste

Hinführung: Ein kleiner Hirt war nicht mitgenommen worden zur Krippe. Hört einmal, welches Geschenk er sich ausgedacht hat, als er heimlich ganz alleine nach Bethlehem gegangen ist.

Vorlesedauer ca. 2 Minuten.

In jener Nacht, als den Hirten der schöne Stern am Himmel erschienen war und sie sich alle auf den Weg machten, den ihnen der Engel gewiesen hatte, da gab es auch einen Buben darunter, der noch so klein und dabei so arm war, dass ihn die anderen gar nicht mitnehmen wollten, weil er ja ohnehin nichts besaß, was er dem Gotteskind hätte schenken können.

Das wollte nun der Knirps nicht gelten lassen. Er wagte sich heimlich ganz allein auf den weiten Weg und kam auch richtig in Bethlehem an. Aber da waren die anderen schon wieder heimgegangen und alles schlief im Stall. Der heilige Josef schlief, die Mutter Maria, und die Engel unter dem Dach schliefen auch und der Ochs und der Esel, und nur das Jesuskind schlief nicht. Es lag ganz still auf seiner Strohschütte, ein bisschen traurig vielleicht in seiner Verlassenheit, aber ohne Geschrei und Gezappel, denn es war ja ein besonderes Kind, wie sich denken lässt.

Und nun schaute das Kind den Buben an, wie er da vor der Krippe stand und nichts in Händen hatte, kein Stückchen Käse und kein Flöckchen Wolle, rein gar nichts. Und der Knirps schaute wiederum das Christkind an, wie es da liegen musste und nichts gegen die Langeweile hatte, keine Schelle und keinen Garnknäuel, rein gar nichts.

Da tat dem Hirtenbuben das Himmelskind in der Seele Leid. Er nahm das winzig kleine Fäustchen in seine Hand und bog ihm den Daumen heraus und steckte ihn dem Christkind in den Mund. Und von nun an brauchte das Jesuskind nie mehr traurig sein, denn der arme, kleine

Knirps hatte ihm das Köstlichste geschenkt, was einem Wickelkind beschert werden kann: den eigenen Daumen.

Karl Heinz Waggerl

6. Mitten unter den Tieren

Hinführung: Stellt euch vor: Alle Tiere wollten zur Krippe, auch die Hasen. Was würden sie wohl dem Kind in der Krippe schenken?

Vorlesedauer ca. 3 Minuten.

Auch die Hasen hatten erfahren , dass der Heiland in die Welt gekommen war. Daraufhin versammelte der Hasenkönig alle seine Untertanen und sprach zu ihnen: »Ihr habt ja gehört, dass der Heiland der Welt geboren ist.«

»Wir müssen zu ihm gehen!«, riefen alle Hasen im Chor.

»Aber wo werden wir ihn finden?«, fragte einer von ihnen.

»Er ist doch der König der Welt. Da muss er also in einem prächtigen Schloss wohnen«, meinte ein besonders schlauer Hase.

»Nein!«, sagte der Hasenkönig. »Das ist es ja gerade: nicht in einem Schloss, sondern in einem Stall ist er zur Welt gekommen!«

»In einem Stall?«, fragten die Hasen erstaunt. »Mitten unter den Tieren?«

»Mitten unter den Tieren. Die Menschen hatten keinen Platz mehr für ihn in ihren Häusern.« »Und auch nicht in ihren Herzen«, fügte einer aus der Hasenversammlung hinzu.

»Nun«, sagte der Hasenkönig, »wir wollen keine Zeit mit langen Reden verlieren, sondern wollen zu ihm gehen.«

»Und was nehmen wir mit?«, gab eine Häsin zu bedenken.

»Ja, was nehmen wir nur mit?«, fragten die Hasen im Chor.

»Was können wir schon schenken?«

»Ich hab's!«, rief jemand dazwischen, »eine Möhre.«

»Eine Möhre?« – »Eine Möhre!«

»Eigentlich hat dieser Zwischenrufer ganz Recht«, stellte der Hasenkönig fest. »Eine Möhre ist das Kostbarste, was sich ein Hase vorstellen kann.«

Die Hasen kamen zum Stall. Zögernd traten sie ein. Wie ärmlich sah es da aus! In einer Krippe lag das göttliche Kind. Maria, seine Mutter, war sehr erstaunt, als sie all die Hasen sah. Sie bemerkte, dass einer von ihnen etwas hinter seinem Rücken zu verbergen suchte. Deshalb fragte sie ihn, was er da verstecke.

»Och«, sagte der Hasenkönig, »es ist nur eine Möhre. Die haben wir mitgebracht, weil wir sie eigentlich dem Kinde schenken wollten. Aber jetzt ...«

»Jetzt wollt ihr sie nicht mehr abgeben?«, fragte Maria.

»Doch, doch!«, sagte der Hasenkönig. »Aber es ist so wenig.«

»Wenig?«, sagte Maria. »Ist eine Möhre denn nicht das Schönste und Kostbarste, was ein Hasenherz sich vorstellen kann?«

»Ganz gewiss ist es das«, bestätigte der Hasenkönig. »Für einen Hasen kann es gar nichts Kostbareres geben.«

»Nun, so legt doch eure kostbare Gabe vor der Krippe nieder!« Sie taten es und waren überglücklich.

Renate Cyrus

7. Ein Geschenk für Weihnachten

Hinführung: Wer von euch hat einen Opa? ... Wer hat denn einen, der auch gut Geschichten erzählen kann? ... Ist das nicht schön? Wir hören von so einem Großvater.
Vorlesedauer ca. 6 Minuten.

Der Großvater und das Kind gehen miteinander spazieren. »Opa! Wann ist Weihnachten?«, fragt das Kind.

»In einer Woche«, antwortet der Großvater.

»Ist das bald?« »Ja.«

»Wie bald?« »Siebenmal ein Tag.«

»Und Nacht auch?«

»Ja. Siebenmal Tag und Nacht und dann ist Weihnachten.«

»Muss ich dir was schenken zu Weihnachten, Opa?«

»Niemand muss niemand was schenken.«

»Doch! Alle Eltern müssen allen Kindern was schenken. Weil Weihnachten ist.«

»So? Und die Kinder?«

»Die müssen nicht, weil sie kein Geld haben.«

»Weißt du eigentlich, was ein Geschenk ist?«

»Ja. Ich wünsch' mir was, dann krieg' ich es und das ist ein Geschenk.«

»Jetzt erzähle ich dir eine Geschichte.«

»Was für eine Geschichte, Opa?«

»Eine Geschenk-Geschichte«, sagt der Großvater und fängt an zu erzählen:

»Es war einmal vor langer Zeit in einem fernen Land ein Kalif ...« »Was ist ein Kalif, Opa?«

»Ein Herrscher über das Volk.«

»War er ein guter Kalif?«

»Ja und so einen hat es auch früher nur ganz selten gegeben«, sagt der Großvater und erzählt weiter:

»Als der Kalif den Thron bestieg, gab er ein großes Fest, zu dem jeder im Land eingeladen war. Viele Leute kamen in den Palast, um dem neuen Kalifen ein Geschenk zu bringen. Es kamen die Bauern, die Fischer, die Hirten, die Handwerker, die Kaufleute und die Viehhändler. Vom Sonnenaufgang bis zum Sonnenuntergang zogen sie alle am Thron vorbei, begrüßten den Kalifen und überreichten ihm ihr Geschenk. Jedem von ihnen dankte der Kalif mit einer Münze aus purem Gold.

Als Letzter kam ein kleiner Junge. Er war so schmutzig und zerlumpt, dass der Türhüter ihn nicht vorlassen wollte. ›Hör zu, so schmutzig und zerlumpt darfst du nicht vor dem Kalifen erscheinen‹, sagte er und packte den Jungen mit einem harten Griff, um ihn hinauszuwerfen. Aber der zappelte und schrie so jämmerlich und laut, dass alle Leute im Saal es hörten. Auch der Kalif hörte es. Er winkte den Kleinen zu sich heran, schaute ihn aufmerksam an und fragte: ›Wie heißt du?‹

›Ich heiße Hamid‹, sagte der Junge.

›Warum hat dich deine Mutter nicht gewaschen, bevor du zu mir gekommen bist, Hamid?‹, fragte der Kalif.

›Ich habe keine Mutter mehr‹, sagte der Junge.

›Und dein Vater? Warum hat er dir nicht eine saubere Hose gegeben, bevor er dich zu mir geschickt hat?‹, fragte der Kalif.

›Einen Vater habe ich auch nicht und auch keine andere Hose, aber ich will dir doch nur mein Geschenk bringen, dann geh' ich gleich wieder fort‹, sagte der Junge, griff in seine Hosentasche und holte einen Kieselstein heraus. ›Schau ihn dir an, mächtiger Kalif!‹, sagte er. ›Auf der einen Seite ist er grün, auf der anderen blau, in der Mitte hat er drei weiße Streifen und wenn du ihn in die Sonne hältst, dann glitzert er. So einen Kieselstein findest du ganz selten. Ich schenke ihn dir.‹

Alle Leute im Saal lachten und der Türhüter sagte voll Zorn: ›Wie kannst du es wagen, dem großen Kalifen einen Kieselstein zu schenken?‹

›Es ist das Einzige und Schönste, was ich habe‹, antwortete der Junge.

Da nahm der Kalif den Stein in seine Hand und sprach: ›Viele Geschenke habe ich heute bekommen und über ein jedes habe ich mich gefreut, das liebste aber von allen ist mir dieser Kieselstein.‹ Dann hob er den kleinen Hamid zu sich auf den Thron und küsste ihn mitten auf die schmutzige Stirn. –

Und wir gehen nach Hause, meine Geschichte ist aus«, sagt der Großvater.

»Noch nicht, Opa!«, sagt das Kind. »Was ist aus dem schmutzigen Jungen geworden? Wo ist er hingegangen?«

»Nirgends ist er hingegangen. Der Kalif behielt den kleinen Hamid bei sich im Palast und hatte ihn lieb wie einen eigenen Sohn. Und jetzt ist meine Geschichte wirklich aus«, sagt der Großvater.

»Und da ist unser Haus«, sagt das Kind und lacht.

Eine Woche vergeht, siebenmal Tag und Nacht und dann ist Weihnachten. Am Baum brennen die Lichter, darunter liegen die Geschenke. Aber das Kind schaut gar nicht hin. Es hält einen kleinen Hubschrauber in der Hand, der ist rot, weiß und blau, unten hat er zum Rollen zwei schwarze Räder und ein kleines rotes und obendrauf sind die Drehflügel, die jeder Hubschrauber zum Fliegen braucht.

»Der ist für dich, Opa, das ist mein allerliebstes Spielzeug«, sagt das Kind. Die Eltern schauen ein bisschen komisch. Aber der Großvater sagt: »So ein schönes Geschenk hab' ich noch nie bekommen.«

Anne Faber

8. Der neue König braucht auch Tölpel

Hinführung: Ist dir schon einmal etwas schief gegangen – so schief, dass die anderen dich ausgelacht haben? Das tut weh! Aber das kommt ja selten vor. Wir hören von einem richtigen Tölpel, dem immer alles schief geht und den die Großen nicht mitnehmen wollten zum Kind in der Krippe.

Vorlesedauer ca. 4 Minuten.

Unter den Hirten auf dem Feld von Bethlehem war auch ein Einfältiger. Er wurde von den anderen nur Tölpel genannt. Als eines Nachts der Engel des Herrn erschien, um ihnen die Geburt Christi anzukündigen, begriff der Tölpel seine Worte nicht. Aber überwältigt von dem Glanz, der von dem Engel ausging, fiel auch er, im Innersten erschrocken, auf die Knie. Und als die anderen, wie der Engel es ihnen gesagt hatte, sich aufmachten, das Kind zu finden, wollte auch er mit ihnen gehen. Aber die Hirten schämten sich seiner, denn sein Gewand war zerrissen, sein Bart struppig und der Ausdruck seines Gesichts blöd.

»Bleib du hier bei den Schafen und beim Feuer«, sagten sie. »Das Kind, das wir suchen, ist kein gewöhnliches Kind, sondern ein König. Einen Tölpel, wie du einer bist, kann er nicht brauchen.«

Doch der Tölpel ließ sich von ihren Worten nicht einschüchtern. Er lief ihnen nach, auch wenn er Mühe hatte zu folgen. »Was willst du ihm denn schenken?«, spotteten sie. Da sah der Tölpel erst, dass sie alle beladen waren, mit Milch und Honig, mit Wolle von den Schafen, mit Käse und Brot. Daran hatte er nicht gedacht. Er wurde sehr betrübt. Aber auf einmal heiterte sich seine Miene auf und er rief voller Stolz: »Ich könnte die Fliegen von seinem Gesicht verscheuchen.«

»Was glaubst du eigentlich!«, riefen die anderen zurück. »Dazu sind die Engel da!« Der Tölpel wurde sehr traurig. Aber auf einmal heiterte sich seine Miene wieder auf und er rief voller Stolz: »Ich könnte seine Füße reiben, um es zu wärmen.«

»Was glaubst du eigentlich!«, riefen die anderen zurück. »Dazu sind die Engel da!« Der Tölpel fing an zu weinen. Aber auf einmal heiterte sich seine Miene zum drittenmal auf und er rief voller Stolz: »Ich könnte ihm ein Lied singen, damit es schlafen kann.«

»Was glaubst du eigentlich!«, riefen die anderen zurück. »Dazu sind die Engel da!« Der Tölpel war nun sehr betrübt, sehr traurig und weinte. Aber er gab nicht auf. Er wollte den König und die Engel, die von seinem Gesicht die Fliegen verscheuchten, die seine Füße rieben und ihm ein Lied sangen, wenigstens von weitem sehen.

Endlich standen die Hirten vor dem Stall und sie fanden das Kind in einer Krippe liegen, arm und bloß. Maria und Josef hatten mit den vielen Gästen alle Hände voll zu tun, denn nicht nur die Hirten, sondern auch die drei Könige hatten den Weg zur Krippe gefunden. »Ach«, seufzte Maria, »wenn ich nur jemanden hätte, der dem Kind die Fliegen verscheucht, der ihm die Füße reibt und ihm ein Schlaflied singt!«

Da trat der Tölpel näher. Und als er weit und breit keine Engel sah, da wischte er seine Tränen ab, lachte vor Freude und kniete vor der Krippe nieder. Er verscheuchte die Fliegen. Er rieb dem Kind die Füße, um es zu wärmen, und sang ihm ein Lied, bis es einschlief. Maria und Josef und die drei Könige staunten. Die Hirten aber schämten sich und nahmen ihn auf dem Heimweg in ihre Mitte. Sie wussten nun, dass der neue König auch den Tölpel braucht.

Max Bolliger

9. Zwiegespräch an der Krippe

Hinführung: Vor dem Kind in der Krippe braucht niemand Angst zu haben. Das Jesuskind liegt ja auch mit ausgebreiteten Armen darin, als wolle es auch zu uns sagen: Egal, wer und wie du bist, komm in meine Arme! *Vorlesedauer ca. 2 Minuten.*

Ein kleiner Junge ist stolz darauf, einen Großvater zu haben, der Figuren schnitzen kann. Es ist schon faszinierend zuzusehen, wie aus einem Stück Holz langsam »lebendige« Gestalten entstehen. Der Junge vertieft sich so in die geschnitzten Krippenfiguren, dass sich seine Gedanken mit der Welt der Figuren vermischen: Er geht mit den Hirten und Königen in den Stall und steht plötzlich vor dem Kind in der Krippe. Da bemerkt er: seine Hände sind leer! Alle haben etwas mitgebracht, nur er nicht. Aufgeregt sagt er schnell: »Ich verspreche dir das Schönste, was ich habe! Ich schenke dir mein neues Fahrrad – nein, meine elektrische Eisenbahn.«

Das Kind in der Krippe schüttelt lächelnd den Kopf und sagt: »Ich möchte aber gar nicht deine elektrische Eisenbahn. Schenke mir deinen – letzten Aufsatz!«

»Meinen letzten Aufsatz?«, stammelt der Junge ganz erschrocken, »aber da steht doch ..., da steht ›ungenügend‹ drunter!«

»Genau deshalb will ich ihn haben«, antwortet das Jesuskind.

»Du sollst mir immer das geben, was ›nicht genügend‹ ist. Dafür bin ich in die Welt gekommen!«

»Und dann möchte ich noch etwas von dir«, fährt das Kind in der Krippe fort, »ich möchte deinen Milchbecher!« Jetzt wird der kleine Junge traurig: »Meinen Milchbecher? – Aber der ist mir doch zerbrochen!«

»Eben deshalb will ich ihn haben«, sagt das Jesuskind liebevoll, »du kannst mir alles bringen, was in deinem Leben zerbricht. Ich will es heil machen!«

»Und noch ein Drittes möchte ich von dir«, hört der kleine Junge wieder die Stimme des Kindes in der Krippe, »ich möchte von dir noch die Antwort haben, die du deiner Mutter gegeben hast, als sie dich fragte, wieso denn der Milchbecher zerbrechen konnte.«

Da weinte der Junge. Schluchzend gesteht er: »Aber da habe ich doch gelogen. Ich habe der Mutter gesagt: ›Der Milchbecher ist mir ohne Absicht hingefallen.‹ Aber in Wirklichkeit habe ich ihn ja vor Wut auf die Erde geworfen.«

»Deshalb möchte ich die Antwort haben«, sagt das Jesuskind bestimmt, »bring mir immer alles, was in deinem Leben böse ist, verlogen, trotzig und gemein. Dafür bin ich in die Welt gekommen, um dir zu verzeihen, um dich an die Hand zu nehmen und dir den Weg zu zeigen ...« Und das Jesuskind lächelt den Jungen wieder an. Und der schaut und hört und staunt ...

Walter Baudet

10. Der störrische Esel und die süsse Distel

Hinführung: Passt einem Esel etwas nicht, kann er sich recht störrisch verhalten und geht keinen Schritt mehr weiter. Darum sagen wir ja auch manchmal zu einem anderen, wenn er überhaupt nicht mehr will: »Du Esel!« Aber wer in die Nähe des Kindes in der Krippe kommt, der ... Na, hört gut zu!

Vorlesedauer ca. 6 Minuten.

Als der Heilige Josef im Traum erfuhr, dass er mit seiner Familie vor der Bosheit des Herodes fliehen müsse, in dieser bösen Stunde weckte der Engel auch den Esel im Stall.

»Steh auf!«, sagte er von oben herab, »du darfst die Jungfrau Maria mit dem Herrn nach Ägypten tragen.« Dem Esel gefiel das gar nicht. Er war kein sehr frommer Esel, sondern eher ein wenig störrisch im Gemüt. »Kannst du das nicht selber besorgen?«, fragte er verdrossen. »Du hast doch Flügel und ich muss alles auf dem Buckel schleppen! Warum denn gleich nach Ägypten, so himmelweit!«

»Sicher ist sicher!«, sagte der Engel und das war einer von den Sprüchen, die selbst einem Esel einleuchten müssen.

Als er nun aus dem Stall trottete und zu sehen bekam, welch eine Fracht der heilige Josef für ihn zusammengetragen hatte, das Bettzeug für die Wöchnerin und einen Pack Windeln für das Kind, das Kistchen mit dem Gold der Könige und zwei Säcke mit Weihrauch und Myrrhe, einen Laib Käse und eine Stange Rauchfleisch von den Hirten, den Wasserschlauch, und schließlich Maria selbst mit dem Knaben, auch beide wohl genährt, da fing er gleich wieder an, vor sich hinzumaulen. Es verstand ihn ja niemand außer dem Jesuskind.

»Immer dasselbe«, sagte er, »bei solchen Bettelleuten! Mit nichts sind sie hergekommen und schon haben sie eine Fuhre für zwei Ochsen beisammen. Ich bin doch kein Heuwagen«, sagte der Esel und so sah er auch wirklich aus, als ihn Josef am Halfter nahm; es waren kaum noch die Hufe zu sehen.

Der Esel wölbte den Rücken, um die Last zurechtzuschieben und dann wagte er einen Schritt, vorsichtig, weil er dachte, dass der Turm über ihm zusammenbrechen müsse, sobald er einen Fuß voransetze. Aber seltsam, plötzlich fühlte er sich wunderbar leicht auf den Beinen, als ob er selber getragen würde; er tänzelte geradezu über Stock und Stein in der Finsternis.

Nicht lange und es ärgerte ihn auch das wieder. »Will man mir einen Spott antun?«, brummte er. »Bin ich etwa nicht der einzige Esel in Bethlehem, der vier Gerstensäcke auf einmal tragen kann?« In seinem Zorn stemmte er plötzlich die Beine in den Sand und ging keinen Schritt mehr von der Stelle.

»Wenn er mich jetzt auch noch schlägt«, dachte der Esel erbittert, »dann hat er seinen ganzen Kram im Graben liegen!«

Allein, Josef schlug ihn nicht. Er griff unter das Bettzeug und suchte nach den Ohren des Esels, um ihn dazwischen zu krauen. »Lauf noch ein wenig«, sagte der heilige Josef sanft, »wir rasten bald!«

Daraufhin seufzte der Esel und setzte sich wieder in Trab. »So einer ist nun ein großer Heiliger«, dachte er, »und weiß nicht einmal, wie man einen Esel antreibt!«

Mittlerweile war es Tag geworden und die Sonne brannte heiß. Josef fand ein Gesträuch, das dürr und dornig in der Wüste stand; in seinem dürftigen Schatten wollte er Maria ruhen lassen. Er lud ab und schlug Feuer, um eine Suppe zu kochen; der Esel sah es voll Misstrauen. Er wartete auf sein eigenes Futter, aber nur, damit er es verschmähen konnte. »Eher fresse ich meinen Schwanz«, murmelte er, »als euer staubiges Heu!«

Es gab jedoch gar kein Heu, nicht einmal ein Maul voll Stroh. Der heilige Josef in seiner Sorge um Frau und Kind hatte es rein vergessen. Sofort fiel den Esel ein unbändiger Hunger an. Er ließ seine Eingeweide so laut knurren, dass Josef entsetzt um sich blickte, weil er meinte, ein Löwe säße im Busch.

Inzwischen war auch die Suppe gar geworden und alle aßen davon, Maria aß und Josef löffelte den Rest hinterher und auch das Kind trank an der Brust seiner Mutter und nur der Esel stand da und hatte kein einziges Hälmchen zu kauen. Es wuchs da überhaupt nichts, nur etliche Disteln im Geröll.

»Gnädiger Herr!«, sagte der Esel erbost und richtete eine lange Rede an das Jesuskind, eine Eselrede zwar, aber ausgekocht scharfsinnig und ungemein deutlich in allem, worüber die leidende Kreatur vor Gott zu klagen hat. »I – A!« schrie er am Schluss, das heißt »so wahr ich ein Esel bin!«

Das Kind hörte alles aufmerksam an. Als der Esel fertig war, beugte es sich herab und brach einen Distelstängel, den bot es ihm an.

»Gut!«, sagte er, bis ins Innerste beleidigt. »So fresse ich eben eine Distel! Aber in deiner Weisheit wirst du voraussehen, was dann geschieht. Die Stacheln werden mir den Bauch zerstechen, sodass ich sterben muss, und dann seht zu, wie ihr nach Ägypten kommt!«

Wütend biss er in das harte Kraut und – sogleich blieb ihm das Maul offen stehen. Denn die Distel schmeckte durchaus nicht, wie er es erwartet hatte, sondern nach süßestem Honigklee, nach würzigstem Gemüse. Niemand kann sich etwas derart Köstliches vorstellen, er wäre denn ein Esel.

Für diesmal vergaß der Graue seinen ganzen Groll. Er legte seine langen Ohren andächtig über sich zusammen, was bei einem Esel so viel bedeutet, wie wenn unsereins die Hände faltet.

Karl Heinz Waggerl

11. Von der Flöte mit den sieben Tönen

Hinführung: Mit einer Flöte geht man vorsichtig um, damit sie nicht kaputtgeht. Wir hören von einem Hirten, der das gar nicht konnte und dessen besondere Flöte immer mehr Töne verlor.

Vorlesedauer ca. 4 Minuten.

Ein armer Hirtenjunge, der in den Bergen bei Bethlehem die Schafe hütete, hörte von der Botschaft, dass ein neuer König in einem Stall zu Bethlehem geboren sei. Aber bevor er sich aufmachte, zu dem Kind zu gehen, machte er sich noch auf die Suche nach einem Lamm, das er verloren hatte.

Da stand plötzlich ein Engel vor ihm und sagte: »Mach dir keine Sorgen um dein verlorenes Schaf. Heute ist ein Hirt geboren worden, der holt alle zurück, die verloren sind. Er ist gekommen, um die ganze Welt zu erlösen.«

Der Hirtenjunge spürte, dass er nicht ohne Geschenk losgehen könne. Doch der Engel reichte ihm, als habe er seine Gedanken erraten, eine glänzende Flöte und gebot ihm, darauf für das neugeborene Kind zu spielen.

Dankbar nahm der kleine Hirte die Flöte und setzte sie an den Mund. Sie spielte wie von selber und ließ sieben himmelreine Töne erklingen. Fröhlich sprang er den Berg hinunter und achtete kaum auf den Weg. Als er ein Bachbett übersprang, stolperte er, fiel hin und verlor auch die Flöte. Da fluchte er ärgerlich. Als er die Flöte aufhob, war sie um einen Ton ärmer.

Er rannte weiter, bis ihm ein Wolf den Weg versperrte. Wut packte ihn, wenn er an all die gerissenen Schafe dachte und warf die Flöte nach ihm. Sofort nahm der Wolf Reißaus, aber wieder hatte die Flöte einen Ton verloren.

Er kam zu seiner Herde. Alle Tiere lagen still, nur ein Schaf blökte laut, ließ sich nicht in den Pferch treiben und wollte davonrennen. Da schlug er mit der Flöte nach ihm – es blieben ihr nur noch vier Töne.

Darüber war der Junge so ärgerlich, dass er einem Wasserkrug, der in der Nähe stand, einen Fußtritt gab. Dabei flog ihm die Flöte aus der Hand. Als er sie aufhob, gab sie nur noch drei Töne her.

Am Stadttor von Bethlehem wollten Kinder ihm die besondere Flöte abnehmen, doch er wehrte sich und schlug mit seiner Flöte auf sie ein. Jetzt besaß sie nur noch zwei Töne.

Schon sah er den Stall. Darüber den großen Stern. Aber sollte hier jener geboren sein, der alle Verlorenen heimholt? In einer Futterkrippe für Tiere? Er zweifelte. Da hatte die Flöte nur noch einen Ton.

So trat er ein. Er blieb am Eingang stehen. Er schämte sich, weil seine himmlische Gabe so unscheinbar geworden war. Aber dennoch versuchte er, auf der Flöte zu spielen. Er blies ihren einzigen Ton, der ihr noch verblieben war. Dieser klang so rein und schön, dass alle im Stall lauschten: Maria und Josef, der Ochs und der Esel und alle, die noch gekommen waren. Das Kind in der Krippe lächelte dem kleinen Hirten zu und streckte seine Hände aus. Und der Junge trat näher und freute sich. Da berührte das Kind die Flöte. Im Augenblick wurde sie wieder so, wie der Engel sie ihm gegeben hatte: volltönend, ganz rein und schön.

Dan Lindholm

12. Schuster Konrad

Hinführung: Was ihr dem geringsten Menschen tut, das habt ihr mir getan. Das wissen wir von Jesus, aber auch aus der Martinsgeschichte (= im Traum des Martin trägt Jesus den halben Mantel). Wir hören von einem Schuster, der das vergessen hatte.
Vorlesedauer ca. 4 Minuten.

An diesem Morgen war Konrad, der Schuster, schon sehr früh aufgestanden, hatte seine Werkstatt aufgeräumt, den Ofen angezündet und den Tisch gedeckt. Heute wollte er nicht arbeiten. Heute erwartete er einen Gast. Den höchsten Gast, den ihr euch nur denken könnt. Er erwartete Gott selber. Denn in der vorigen Nacht hatte Gott ihn im Traum wissen lassen: Morgen werde ich zu dir kommen. Nun saß Konrad also in der warmen Stube am Tisch und wartete und sein Herz war voller Freude. Da hörte er draußen Schritte und schon klopfte es an der Tür. »Da ist er«, dachte Konrad, sprang auf und riss die Tür auf.

Aber es war nur der Briefträger, der von der Kälte ganz rot und blau gefrorene Finger hatte und sehnsüchtig nach dem heißen Tee auf dem Ofen schielte. Konrad ließ ihn herein, bewirtete ihn mit einer Tasse Tee und ließ ihn sich aufwärmen. »Danke«, sagte der Briefträger, »das hat gut getan.« Und er stapfte wieder in die Kälte hinaus.

Sobald er das Haus verlassen hatte, räumte Konrad schnell die Tassen ab und stellte saubere auf den Tisch. Dann setzte er sich ans Fenster, um seinem Gast entgegenzusehen. Er würde sicher bald kommen. – Es wurde Mittag, aber von Gott war nichts zu sehen.

Plötzlich erblickte er einen kleinen Jungen und als er genauer hinsah, bemerkte er, dass dem Kleinen die Tränen über die Wangen liefen. Konrad rief ihn zu sich und erfuhr, dass er seine Mutter im Gedränge der Stadt verloren hatte und nun nicht mehr nach Hause finden konnte. Konrad legte einen Zettel auf den Tisch, auf den er schrieb: »Bitte, warte auf mich. Ich bin gleich zurück!« Er ließ seine Tür unverschlossen, nahm den Jungen an die Hand und brachte ihn nach Hause.

Aber der Weg war weiter gewesen, als er gedacht hatte, und so kam er erst heim, als es schon dunkelte. Er erschrak fast, als er sah, dass jemand in seinem Zimmer am Fenster stand. Aber dann tat sein Herz einen Sprung vor Freude. Nun war Gott doch zu ihm gekommen.

Im nächsten Augenblick erkannte er die Frau, die oben bei ihm im gleichen Haus wohnte. Sie sah müde und traurig aus. Und er erfuhr, dass sie drei Nächte lang nicht mehr geschlafen hatte, weil ihr kleiner Sohn Petja so krank war, dass sie sich keinen Rat mehr wusste. Er lag so still da und das Fieber stieg und er erkannte die Mutter nicht mehr. Die Frau tat Konrad Leid. Sie war ganz allein mit dem Jungen, seit ihr Mann verunglückt war. Und so ging er mit. Gemeinsam wickelten sie Petja in feuchte Tücher. Konrad saß am Bett des kranken Kindes, während die Frau ein wenig ruhte. Als er endlich wieder in seine Stube zurückkehrte, war es weit nach Mitternacht. Müde und über alle Maßen enttäuscht legte sich Konrad schlafen. Der Tag war vorüber. Gott war nicht gekommen.

Plötzlich hörte er eine Stimme. Es war Gottes Stimme. »Danke«, sagte die Stimme, »danke, dass ich mich bei dir aufwärmen durfte – danke, dass du mir den Weg nach Hause zeigtest – danke für deinen Trost und deine Hilfe – ich danke dir, Konrad, dass ich heute dein Gast sein durfte.«

Marita Lorentz

13. Die Tiere im Stall von Bethlehem

Hinführung: Ochs und Esel standen an der Krippe. Wir hören eine Geschichte, in der noch viel mehr Tiere darauf achten, dass dem Kind in der Krippe nichts passiert.
Vorlesedauer ca. 7 Minuten.

Hatschi! Das Jesuskind in seiner Krippe nieste.
Der Esel dicht neben ihm klapperte vor Schreck mit den Augen. Und ehe er sich's versah, musste auch er niesen. »Hatschi!« So prustete es aus ihm heraus.

Es war tief in der Nacht. Seit Stunden schon achtete er sorgsam auf das Neugeborene. Es hatte so viel Aufregung um das seltsame Kind gegeben. Erst die Engel mit ihrem unaufhörlichen Halleluja. Dann die Hirten mit ihren Schafen und Hunden. Dann die Weisen aus dem Morgenlande mit ihren schönen Geschenken. Jetzt war endlich wieder Ruhe eingekehrt. Alles schien zu schlafen. Und da musste das Jesuskind niesen! Warum wohl?

Der Esel legte seinen Kopf ein wenig schräg und dachte nach. »Ich hab's!«, sagte er zu sich. »Es friert ja! Sieh nur, wie es zittert! Ich werde ihm mit meiner langen Zunge etwas mehr Stroh als Zudecke hinschieben.« Und er tat es, sachte, ganz sachte.

Das sah mit einem Auge der Ochse neben ihm. Mit dem anderen war er schon eingeschlafen. »Muh«, so überlegte er lautlos für sich, »das Kind friert. Na ja, kein Wunder. Durch die Fensterhöhle zieht es mächtig kalt von draußen. Ich könnte es mit meinem großen Körper schützen.« Und behutsam bewegte er sich zur Seite, dorthin, woher der kalte Luftzug kam.

Die Schwalbe unterm Dachgesims war von dem Geraschel des Strohs aufgewacht. Sie sah, was Ochs und Esel taten. Aber sie mochte nicht glauben, es seien nur die Kälte und der Wind, weshalb die beiden sich in Bewegung setzten. »Es werden die vielen kleinen Fliegen beim

Dung von Ochs und Esel sein«, meinte sie. »Eine von ihnen hat vielleicht das Kind an der Nase gekitzelt.« Und die Schwalbe begann, trotz der nächtlichen Stunde, geschwind auf Mückenfang zu fliegen.

Die kluge Spinne begriff sofort, weshalb die Schwalbe plötzlich so emsig zu arbeiten anfing. »Natürlich«, sagte sie sich, »es werden die Fliegen und Mücken sein, die den kleinen Säugling ärgern. Da muss ich mein Netz noch viel größer und enger spinnen, um möglichst viele dieser Quälgeister zu fangen.« Dann spann sie eifrig drauf los, hin und her, hin und her, unermüdlich hin und her.

Hoch oben im Dachgebälk hatte die flinke Fledermaus gerade eine kurze Pause bei ihren Nachtflügen eingelegt. Den Kopf nach unten, so hing sie zum Ausruhen da. »Im Finstern, ja, da finde ich mich von allen am schnellsten zurecht«, sagte sie stolz zu sich selbst. »Darum überlasse ich gerne für heute das Mücken- und Fliegenfangen der Schwalbe und der Spinne. Lieber fliege ich im Stall als Wache umher, dass sich ja keiner unerlaubt muckst.« Und schon segelte sie und flatterte lautlos durch den ganzen Raum.

Die kleine Maus mit ihren spitzen Ohren war vom Niesen des Jesuskinds so erschrocken, dass sie ängstlich aus ihrem Mäuseloch lugte. Da vernahm sie auch die anderen Geräusche: das leise Atmen des winzigen Kindes und seiner schlafenden Eltern, das Rascheln des Strohs, wie es der Esel mit der Zunge bewegte, das sanfte Stampfen der Füße des Ochsen, das verhaltene Flattern der Schwalbe und selbst das feine Sirren der Spinne und der Fledermaus bei ihrer Arbeit. Und die Maus beschloss, sich und ihren Kindern für heute Nacht alles Rascheln und Knabbern und Piepsen streng zu verbieten.

Die Katze kauerte auf einem Mauervorsprung. Sie hatte ihre scharfen Krallen friedlich in ihre weichen Pfoten eingezogen. Im Halbdunkel des Stalles, in den der Mond weißlich hineinschien, richtete sie ein wachsames Auge auf Maus und Schwalbe. Und überhaupt fühlte sie sich als Wächter über dem Ganzen. »Wehe, wenn der Esel oder der Ochse dem Kind zu nahe kommen! Dann zische ich sofort dazwischen!« Es genügte aber vollkommen, dass sie alles aufmerksam beobachtete. Und dass die anderen es auch merkten. So brauchte sie gar nicht erst einzugreifen. Zufrieden kniff sie die Augen halb zu, zur Sicherheit nur halb.

Draußen auf dem Dachfirst des Stalles hob die Taube ihren Kopf aus dem Gefieder. »Gurr, gurr«, so turtelte sie in Gedanken. »Heute war ich ja nächst dem Jesuskind die Wichtigste im ganzen Stall. Alle – seine Eltern und die Hirten, die Könige und die Tiere – schauten mich an, als ich durchs offene Dach auf die Krippe hinunter flog. ›Seht ihr's‹, raunten sie sich zu, ›die Taube! Gott selbst schickt sie zum Zeichen, dass sein Geist bei diesem Kinde ist.‹ – Ja, so war das«, erinnerte sich nun die Taube. »Und als die Engelchöre sangen ›Ehre sei Gott in der Höhe und Friede auf Erden bei den Menschen seines guten Willens‹, da flog ich noch einmal fleißig hin und her. Alle aber wussten: Seht, das ist die Taube! Gottes Friedenszeichen für seinen Bund mit allen Lebewesen.«

Zufrieden mit sich selbst und ihrer schweren Arbeit, steckte sie daraufhin wieder den Kopf ins Gefieder. »Morgen werde ich gewiss wieder viel zu tun bekommen«, dachte sie, bevor sie sanft und – wie es sich für sie gehörte – friedlich einschlief.

Neugierig, wie er nun einmal ist, kletterte der kleine Käfer an der Krippe hoch und schaute über den Rand hinein zum Neugeborenen. Ganz glücklich fuchtelte er mit seinen Vorderbeinen in der Luft herum. »Ich habe jetzt«, war sein Gedanke dabei, »nichts Besonderes zu tun. Da will ich die Zeit nutzen und ein Gebet sprechen. Das ist auch sehr wichtig.« Und er trommelte, ohne dass es irgendeinen Lärm machte – nur der liebe Gott hörte es –, sein Loblied auf den Krippenrand: »Wie schön, liebes Kind, dass du auch zu uns Tieren gekommen bist! Du liebst uns ja, wie Gott uns liebt. Und wir lieben dich, wie wir Gott lieben. Beschütze uns bitte, uns und die guten Pflanzen und die großen Menschen. Lass uns alle leben und fröhlich sein. Und schlafe recht gut, damit du gesund bleibst, liebes Jesuskind. Amen.«

Als sie fortgingen, hatten die Hirten einen ihrer Hütehunde zurückgelassen. »Leg dich auf die Schwelle«, so hatten sie zu ihm gesagt, »und pass nur ja gut auf! Und wenn wilde Tiere oder böse Menschen kommen, dann bellst du ganz laut, um sie zu vertreiben.« Er wusste, wie ernst seine Aufgabe war. Hatte er doch, als die Hirten vor dem Kinde knieten, dicht bei der Krippe gesessen und verstohlen nach ihm geschnuppert. Hm, das hatte lieblich gerochen, wie ein guter Freund! »Na ja«, dachte er jetzt, »Knurren wird wohl auch reichen. Dann werden sie sich wohl verziehen. Das Kleine soll schließlich nicht aufwachen.«

Langsam, kaum merklich dämmerte im Osten das erste Morgenlicht des Weihnachtstages herauf. Es war wieder ganz still im Stall von Bethlehem. Der Mond schaute sanft vom Himmel und der liebe Stern glitzerte friedlich herab. So als wollten die beiden sagen: »Nun kann noch alles gut werden mit euch Menschen, mit euch Tieren und Pflanzen – und mit der ganzen Welt.«

Maria, Josef und das Jesuskind schliefen fest. Das konnten sie auch, denn die Tiere im Stall von Bethlehem sorgten dafür, dass keinem von ihnen etwas geschah.

René Leudesdorff

14. Die Geschichte des Eselchens

Hinführung: Wenn ein Esel »JA« schreit, liegt darin das Klagen eines Tieres, das oft geschlagen wird. Hört einmal genau hin: Ein Eselchen kann uns Merkwürdiges erzählen.
Vorlesedauer ca. 7 Minuten.

Tiere können ja eigentlich nicht sprechen. Aber wenn dich dein Kätzchen so zärtlich anschnurrt und dir um die Beine streicht, da meinst du manchmal zu hören: »Mir geht es gut, ich bin zufrieden!«

Und wenn dich dein Hund mit großen Augen anschaut, mit dem Schwanz wedelt und aufmunternd bellt, dann könnte es vielleicht heißen: »Komm, geh doch mit mir spazieren!«

Auch das Eselchen, das das Jesuskind durch die Wüste getragen hat, konnte ja eigentlich gar nicht sprechen. Aber als es im sicheren Ägyptenland so wohlig in der Sonne lag vor dem Häuschen, das Josef seiner Familie gezimmert hatte, da schrie dieser Esel oft: »Ja – ia – ia« in so vielen verschieden Tonarten, dass es sich wirklich lohnt, genau hinzuhören. Und vielleicht hat er dir wirklich alles erzählen wollen, was er auf der Flucht Wunderbares erlebt hat.

»Zuerst war ich ja wütend, dass ich mitten in der Nacht geweckt wurde«, schrie das Eselchen. »Ich hatte mich gerade so schön ausgeruht, nach dem langen Ritt von Nazareth nach Bethlehem. Richtig abgemagert bin ich gewesen nach dem weiten Marsch über die steinigen Wege. Das Heu duftete so gut im Stall, es gab einen ganzen Eimer mit frischem Brunnenwasser, und Maria kraulte mich hinterm Ohr, dass ich sanft und tief einschlief.

Da passte es mir natürlich gar nicht, dass Josef kurz nach Mitternacht, als der Mond noch hoch am Himmel stand, mich in die Seite puffte und ich meine müden Hufe aufstellen musste.

Ich hatte mir richtig Blasen und wunde Stellen gelaufen und dachte, ich könnte gar nicht mehr auftreten. Aber sonderbar – der harte Boden tat mir gar nicht weh; es war, als ob ich weiches Heu unter den Hufen hätte. Doch dann schleppte Josef die Wasserschläuche, einen Korb voll Weintrauben und Apfelsinen, einen Sack mit Brot, Käse und Oliven, ja, sogar die holzgeschnitzten Schalen und Löffel der Hirten heran. Nein, er konnte gar nicht genug kriegen! Er musste auch noch die Hirtenflöte, die schön verzierten Kästen und Schalen der Könige und auch noch sein Handwerkszeug mitnehmen, seine Säge, den Hammer, die schweren Eisennägel, alles, was ein Zimmermann so braucht.

Ich war empört! Das war doch wirklich überflüssiges Zeug, wenn man einen so weiten Ritt durch die Wüste vorhat! Wassersäcke und Heu für mich hätten wirklich genügt und vielleicht noch ein paar Decken für die kalten Nächte! Ich dachte, ich würde hinter dem nächsten Hügelzug zusammenbrechen unter der schweren Last. Dann hätte Josef seinen ganzen Kram allein schleppen können! Die Menschen ahnen ja nicht, wie schwer das ist, was sie uns Tieren immer aufladen!

Aber sonderbar – die Last war so leicht, als ob nur ein winziges Heusäckchen auf meinem Rücken hin und her tanzte. Und Maria und das Kind spürte ich eigentlich überhaupt nicht. Es war ganz gut, dass sie obendrauf saßen. So konnte ich das Gleichgewicht halten, und die Ladung konnte nicht hin und her rutschen.

Allerdings passierte noch mehr Wunderbares! Die Sonne hatte mich auf dem Marsch von Nazareth nach Bethlehem so geblendet, dass Josef mir die Augenklappen ganz nach vorn biegen musste. Richtig weh tat es mir. Und die Sonnenstrahlen sengten so, dass ich manchmal glaubte, ich müsste verglühen.

Doch diesmal war die Sonne so mild und angenehm wie an einem schönen Märztag, so gerade richtig zum Wandern.

Und dann der Sandsturm! Vor dem hab' ich ja am meisten Angst! Der verklebt mir Mund und Nasenlöcher, dass ich kaum noch atmen und erst recht nicht mehr schreien kann«. Aber der Sandsturm, der sich gegen Mittag erhob, als die Hitze über der Wüste stand, war ganz anders. Er wirbelte zwar auch um uns herum, aber die Sandkörner piekten und stachen gar nicht. Es war eigentlich nur so ein angenehmes Prickeln auf der Haut.

Das Merkwürdigste jedoch waren die Nächte, die wir in der Wüste verbrachten. Die können ja manchmal so kalt sein, dass Schafe und Esel fast erfrieren, besonders wenn sie keinen Unterschlupf finden. Gott sei Dank kamen wir immer gerade zur rechten Zeit an eine Felsenhöhle oder an eine Oase mit Buschwerk und Gras. Wenn wir dann in der Felsenhöhle schön eng zusammenrückten, war es richtig gemütlich, und wir wärmten uns gegenseitig mit unserem Atem.

Der Nachtwind, der draußen vorbeistrich, war auch gar nicht so eisig wie sonst, sondern richtig mild und warm. Mir schien es, als ob sogar das kalte Licht des Mondes und die funkelnden Strahlen der Sterne uns ein bisschen wärmten.

Ich glaube, nun fange ich alter Esel richtig zu träumen und zu schwärmen an. Doch ich erzähle ja bloß, wie ich jene Nacht erlebt habe.

Und dann sehe ich Josefs Gesicht noch vor mir, als wir endlich die Grenze überschritten hatten. ›Jetzt ist unser Kind gerettet, Maria!‹ rief er, ›nun wird Herodes es nicht mehr holen können!‹

Nur eines kann ich nicht verstehen. Maria hatte zwar auch ein dankbares Lächeln auf dem Gesicht, aber sie sagte ganz ernst: ›Nein, vor Herodes brauchen wir uns nicht zu fürchten! Aber vor anderen Menschen! Was sie ihm später antun werden!‹

Über diese merkwürdigen Worte muss ich heute noch nachdenken, wenn das Kind so fröhlich um mich herumspielt und mich hinter den Ohren krault. Ich kann es nicht glauben, dass die Menschen mit einem so lieben Kind etwas Böses vorhaben!«

Barbara Cratzius

15. Ein Stern ging auf

Hinführung: Darf man Brot wegwerfen? Wie viele Kinder in der Welt würden weggeworfenes Brot aufheben und vor Hunger küssen und verschlingen – Brot, das wir nicht beachten!

Vorlesedauer ca. 7 Minuten.

Mitten auf dem Schulhof lag er im Schmutz. Gegen Ende der großen Pause hob Regina ihn vom Boden auf. Es war ein Weihnachtsstern, aus braunem Lebkuchenteig gebacken und mit Zuckerguss dick überzogen. In der Klasse legte Regina den Stern vor Frau Tiltfuchs auf das Lehrerpult. »Den habe ich auf dem Schulhof gefunden«, sagte sie.

»Den hat jemand weggeworfen«, sagte Karolin.

»Der ist schmutzig, den kann niemand mehr essen«, sagte Ferdi.

»Wenn einer richtig Hunger hat, dann würd' er ihn doch essen«, behauptete Regina.

»Bieh! Ich würde ihn nie in den Mund stecken«, sagte Ferdi.

Frau Tiltfuchs hörte den Kindern eine Weile schweigend zu.

»Wer hat denn von euch schon einmal einen richtigen, großen Hunger gespürt?«, fragte sie schließlich. Einige Finger fuhren in die Luft.

»Ich musste mal ohne Abendessen ins Bett.«

»Wir haben im Sommer bei einem Ausflug unseren Picknickkorb vergessen.«

»Wir haben Tante Emmi besucht. Aber sie hat uns nichts zu essen angeboten.«

»War euer Hunger so groß, dass ihr den Stern gegessen hättet?«, wollte Frau Tiltfuchs wissen.

»Nö, so groß war er nicht«, gestand Paula ein. »Davon wird man ja krank, wenn man so etwas isst.«

Da erzählte Frau Tiltfuchs die Geschichte vom kleinen Sindra Singh, der im fernen Indien lebt und der ungefähr so alt ist wie die Kinder aus der Klasse 3b. Jeden Tag bekommt Sindra in der Station eine Hand voll Reis. Das sind ungefähr 350 Reiskörner. Sindra hat sie gezählt. 150 isst er, sobald er den Reis von dem Mann in der Station bekommt. 100 Körner steckt er in den Mund, wenn die Sonne ganz hoch steht. Den Rest hebt er auf, bis der Sonnenball die Erde berührt. Manchmal mogelt er ein wenig und beginnt zu essen, wenn die Sonne noch hoch in den Bäumen hängt.

»Was meint ihr«, fragte Frau Tiltfuchs die Kinder, »ob Sindra Singh den Lebkuchenstern wohl essen würde?«

»Ich glaube, ja«, gab Regina zu.

»Und hier liegt der Stern auf dem Schulhof. Im Dreck liegt er, auf dem Boden!«

»Mein Opa hat erzählt, Brot darf man gar nicht wegwerfen«, berichtete Mathilde. »Er sagt, das hat er in Russland gelernt. Da war er nach dem Weltkrieg in Gefangenschaft.«

»In Afrika hungern die Menschen auch«, sagte Ferdi.

»Und in Brasilien auch. Da hat es in einer Gegend zwei Jahre lang nicht geregnet«, wusste Karolin.

»Mein Onkel hat aus Anatolien geschrieben«, berichtete Zeki. »Es hat dort ein Erdbeben gegeben und die Menschen haben kaum noch etwas zu essen.«

Marie hatte bislang gar nichts gesagt. Jetzt meldete sie sich. »Wir haben doch gestern Abend bei der Adventsfeier für die Eltern gesungen und gespielt«, sagte sie. »Wir haben Geld gesammelt. Davon könnten wir doch ein Paket packen.« Marie stockte und setzte sich wieder.

»Ein Weihnachtspaket!«, rief Ferdi.

»Übermorgen fährt ein Lastwagen von der Kirche aus in das Erdbebengebiet«, sagte Karolin. »Der nimmt unser Paket sicher mit.«

Die Kinder waren begeistert. Sie schrieben an die Tafel, was sie alles in das Paket packen wollten: Schokolade und Marzipan, Mehl, Zucker, Gebäck, Konserven und und und ...

Als es zur Pause läutete, wusste jedes Kind in der Klasse, was es am Nachmittag für das Paket einkaufen sollte. Das war die einzige Hausaufgabe an diesem Tag. Zum Schluss hielt Frau Tiltfuchs den Lebkuchenstern hoch. »Irre ich mich, Kinder, oder leuchtet er jetzt ein bisschen?« Die Kinder meinten auch, dass er ein wenig heller aussehe.

Die Lehrerin ging ziemlich müde, aber zufrieden nach Hause. Am Abend schrillte das Telefon. Herr Semmelweid, der Vater von Ferdi, beschwerte sich:

Das Geld sei für die Klasse gesammelt worden.

Das Geld sei für Papier gedacht und für Farbstifte.

Das Geld solle den Kindern der Klasse 3b zugute kommen.

Das Geld solle nicht zum Fenster hinausgeworfen werden.

Frau Tiltfuchs wandte ein, dass die Kinder selbst auf die Idee gekommen waren, mit dem Geld in der Adventszeit etwas Gutes zu tun.

Herr Semmelweid sagte, dass die Schule dazu nicht da sei. »Aber der Stern, Herr Semmelweid, hat Ferdi denn nichts von dem Stern erzählt?«

»Stern?«, fragte Herr Semmelweid. »Was für ein Stern?«

»Na«, sagte Frau Tiltfuchs ein wenig hilflos, »der Lebkuchenstern. Der fing auf einmal an zu leuchten, als die Kinder auf den Gedanken mit dem Paket kamen. Ich meine ...«

»Sie wollen mich wohl auf den Arm nehmen, wie?«, schimpfte Herr Semmelweid. »Ich werde andere Schritte unternehmen. Den Minister werde ich ...«

»Fragen Sie doch Ihren Ferdi mal nach dem Stern. Der hat es auch gesehen!«, konnte Frau Tiltfuchs noch einwenden, da hatte Ferdis Vater den Hörer schon aufgelegt.

Am nächsten Morgen ging die Lehrerin bedrückt zur Schule. Ihr Mann hatte sie zwar getröstet und vorgeschlagen, notfalls die Lebensmittel für das Paket selbst zu bezahlen, aber Frau Tiltfuchs fand, es sei nicht dasselbe.

Auf dem Schulhof rannte Ferdi ihr gleich entgegen und reichte ihr einen Brief. Hastig riss sie den Umschlag auf. Fast wäre der Zwanzigmarkschein, der darin steckte, auf den Boden geflattert. Ein paar Zeilen hatte Herr Semmelweid dazugeschrieben.

»Sehr geehrte Frau Tiltfuchs«, stand da. »Ich habe meinen Sohn Ferdi genau befragt. Ich weiß zwar immer noch nicht, ob es richtig ist, was Sie vorhaben, aber es kam mir so vor, als ob das Leuchten des Sternes noch in Ferdis Augen zu sehen war. Entschuldigen Sie bitte, meinen Anruf von gestern. Meine Frau sagt häufig, ich sei ein hitziger Typ. Ihr Egon Semmelweid.«

Am Tag darauf fuhr der Lastwagen mit vielen Paketen nach Anatolien. In dem Paket der Klasse 3b lag ein Brief.

»Frohe Weihnachten!«, stand darin. Alle 26 Kinder hatten ihren Namen darunter geschrieben. »Irgendwo in Anatolien wird ein Stern aufgehen«, sagte Frau Tiltfuchs zu ihren Kindern.

Willi Fährmann

16. Der uralte Hirte von Bethlehem

Hinführung: An dem heiligen Abend damals, als Jesus zur Welt kam, sollen alle Tiere friedlich gewesen sein. Könnt ihr euch das vorstellen? Wir hören eine Geschichte, die kann nur der glauben, der weiß, dass das Jesuskind alles verändert.
Vorlesedauer ca. 5 Minuten.

Micha möchte gern wissen, ob der Großvater an der Krippe von Bethlehem dabei gewesen ist.

»O ja, ich war dort«, sagt der Großvater. »Aber das ist lange her.«

»Wann?«, fragt Micha.

»Als ich noch ein Hirt war«, sagt Großvater.

»Hast du das geträumt?«

»Nein«, sagt der Großvater, »das denke ich mir aus. Und wahrscheinlich bin ich ein Schafhirt gewesen.«

»Ein Schafhirt in Bethlehem?«

»Ja, so stelle ich mir das vor«, sagt der Großvater. »Uralt war ich und sehr misstrauisch. Deshalb dachte ich auch gleich an den Wolf.«

»Warum an den Wolf?«, fragt Micha.

»Hirten müssen immer an den Wolf denken. Hast du nie davon gehört?«

»Doch«, sagt Micha. »Der Wolf schleicht nachts um die Herde und will eins von den kleinen Lämmern fressen, wenn keiner aufpasst!«

Der Großvater nickt. »Deshalb sagte ich ja auch: Einer muss doch bei den Schafen bleiben, wenn ihr alle zur Krippe gehen wollt. Damit die Herde nicht ohne Schutz ist.«

»Und du bist bei den Schafen geblieben?«, fragt Micha.

»Ja«, sagt der Großvater. »Ganz allein saß ich in der Hürde und stützte den Kopf in die Hände. Ein Feuerchen brannte, weil es kalt war in dieser Nacht. Um mich herum hatten die Schafe sich zusammengedrängt und ruhten sich aus. Manchmal hörte ich sie leise schnaufen.«

»Und dann? Ist der Wolf dann gekommen?«

»Ja! Plötzlich stand er vor mir. Ich muss wohl doch ein wenig eingenickt sein. Da schreckte ich hoch und sah seine großen Augen.«

»Was wollte der Wolf?«

»Er hatte gar keine Angst vor mir. Dicht heran kam er und fragte mit seiner rauen Stimme: ›Weshalb bist du nicht bei der Krippe?‹ Ich sagte: ›Weil ich auf dich gewartet habe.‹ ›Auf mich hast du gewartet?‹, fragte der Wolf. ›Warum auf mich?‹ Ich antwortete: ›Ich kenne dich doch. Ich weiß, dass du Hunger hast und dass du ein gefährlicher Räuber bist. Aber sieh dich vor! Ich leide es nicht, wenn du dich in die Herde einschleichst!‹ Dabei griff ich zu meiner scharf geschliffenen Axt.«

»Sah der Wolf wirklich so böse aus?«, fragt Micha.

Der Großvater besinnt sich eine Weile. »Viele Wölfe habe ich gekannt, solange ich Schafhirt war. Nie habe ich etwas anderes gehört, als dass sie Bösewichte sind. Aber seltsam, dieser Wolf kam mir anders vor. Scheu blickte er mich an und schwieg. Deshalb fragte ich ihn: ›Bist du denn nicht gekommen, mir ein Schaf oder ein Lamm wegzurauben?‹ Der Wolf schüttelte den Kopf. ›Nein‹, sagte er, ›ein Schaf hätte ich doch längst rauben können, während du schliefst. Meinst du nicht, alter Hirt?‹ Ja, müde und wenig wachsam war ich, das musste ich zugeben. Ich stellte die Axt auf die Seite. Fast schämte ich mich vor dem grauen, zottigen Tier. Ich sagte: ›Das begreife ich nicht, Wolf. Weshalb bist du denn heute so anders?‹ »

»Und was sagte der Wolf?«

»›Diese Nacht ist doch auch anders‹, sagt er. Eine hochheilige Nacht hat er sie genannt oder so ähnlich. Ich fragte ihn, woher er denn das so genau wüsste. ›Oh‹, sagte der Wolf, ›der Stern war sehr groß und der Engel stand leibhaftig auf der Erde. Hast du beides nicht bemerkt?‹ Ich sagte: ›Uralte Hirten sind schwerhörig und fast schon blind. Misstrauisch sind sie obendrein.‹

Da kam der Wolf noch näher ran und sagte: ›Du musst nach Bethlehem gehen, du schwerhöriger Hirt! Denn ich bin auch im Stall an der Krippe gewesen. Daher weiß ich, dass dies eine besondere, eine hochheilige Nacht ist!‹ »

Micha sagt: »Hat der Wolf das Jesuskind gesehen?«

»Ja, er hat es gesehen, mit Maria und Josef. Dicht vor der Krippe hat er gestanden. Um ihn herum die Hirten. Und Ochs und Esel und viele andere Tiere: Katze und Maus, Fuchs und Hase, Löwe und Lamm. Sie alle hockten friedlich nebeneinander, behauptete der Wolf. Keins hat das andere gefressen. Nein, in dieser hochheiligen Nacht waren sie alle wie Bruder und Schwester.«

»Schade«, sagt Micha, »dass es nicht immer so blieb!«

»Recht hast du!«, ruft der Großvater. »Und Recht hatte auch der Wolf. ›Geh ohne Sorge‹, sagte er, ›ich will, solange du fort bist, auf die Schafe und Lämmer Acht geben. Damit ihnen nichts Böses geschieht.‹ »

»Bist du dann hingegangen, Großvater?«

»Ja, ich bin zur Krippe gegangen und habe das Jesuskind gesehen.«

»Und der Wolf hat die Schafe gehütet?«

Der Großvater lacht. »Was meinst du, so etwas Merkwürdiges habe ich noch nie erlebt, so uralt ich auch war. Bedenke doch, Micha: ein Wolf als Schafhirt! Nein, unmöglich kommt mir das vor, sooft ich daran denke. Und es ist trotzdem wahr.«

Rudolf Otto Wiemer

16. Der uralte Hirte von Bethlehem

17. Kara erzählt die Weihnachtsgeschichte

Hinführung: Bei uns kann zu Weihnachten Schnee liegen. Aber an anderen Orten der Erde kann es am Weihnachtsfest auch richtig heiß sein. Und hier muss die Geschichte vom Jesuskind auch anders erzählt werden.
Vorlesedauer ca. 3 Minuten.

Pater Jakob schwitzte. Er tropfte geradezu. Dafür gab es zwei Gründe: Erstens war es in Papua-Neuguinea heiß am Weihnachtsfest und zweitens sollte er heute seine erste Predigt in Pidgin-Englisch halten. Seit vielen Wochen hatte er dafür geübt. Komische Wörter gab es in dieser Sprache: Liklik hieß klein, toktok hieß sprechen und singsing war das Fest.

Die Predigt war zu Ende und Pater Jakob wischte sich erleichtert die Stirne trocken. Jetzt kam die Übersetzung. Die war nötig, denn nicht einmal die Hälfte des Dorfes verstand Pidgin. Die meisten kannten nur Enga, die Stammessprache. Um die zu lernen, würde der Pater noch mehr als ein Jahr brauchen.

Der alte Kara kam nach vorne. Er war ein weiser Mann, geehrt als Jäger und Geschichtenerzähler. Während Pater Jakob erleichtert vor sich hin döste, wurde die Gemeinde jetzt sehr aufmerksam. Kara erzählte die Weihnachtsgeschichte:

»In einem kleinen Dorf im Sepik-Tal lebte einmal ein schönes Papua-Mädchen. Es hieß Maria. Marias Haut war schwarz und glatt, ihre Augen leuchteten klar und auf ihrer rechten Wange war eine kleine Blume eingeritzt. Sie hatte noch keinen Mann genommen, sondern lebte in der Frauenhütte ihrer Mutter, zusammen mit ihren Schwestern und Tanten.

Wenn Maria an den Festtagen den Männern beim Tanzen zusah, gefiel ihr Josef, der Holzschnitzer, am besten von allen. Josef war berühmt für seine Masken, die schönsten davon hingen im Männerhaus des Dorfes.

Als der Große Ahnengeist im Himmel Maria sah, gefiel sie ihm sehr. Er beschloss, sie zur Mutter seines Sohnes zu machen. Und als Maria begann, die Monate zu zählen und ihr Bauch groß und rund wurde, da baute Josef für sie am Ufer des Flusses eine eigene Hütte. Er stellte sie auf hohe Pfähle zum Schutz gegen das Hochwasser, behängte die Bambuswände mit schön geflochtenen Matten, deckte das Dach mit Kunaigras und legte eine Feuerstelle an.

Es war eine prächtige Hütte, würdig für einen Häuptlingssohn. Als der Mond neunmal rund geworden war, brachte Maria ihren Sohn zur Welt. Sie nannte ihn Jesus. Es war ein schönes, dickes, gesundes Kind. Maria bettete ihn in ihr Tragnetz, legte sich den Kopfriemen um und trennte sich bei Tag und Nacht nicht von ihrem Kind.

Als die Menschen im Tal und auf den Bergen hörten, dass der Sohn des Großen Ahnengeistes zur Welt gekommen war, kamen sie, um ihn zu sehen und zu beschenken. Die Männer brachten Kokosnüsse und ein Hausschwein mit zwei kleinen Ferkeln; die Frauen schenkten aus ihren Gärten Süßkartoffeln, Mais und Bohnen. Die Kinder brachten Brennholz und ihre schönsten Papageienfedern. Daraus sollte Maria einen Häuptlings-Kopfputz für ihren Sohn machen. Maria freute sich sehr. Sie legte die Gemüse in die Aschenglut ihrer Feuerstelle und kochte ein gutes Essen.«

Kara holte tief Luft. Er war mit seiner Erzählung zu Ende. »Und was ist mit den drei mächtigen Häuptlingen, die mit dem Boot über den Fluss kamen und Gold und duftende Kräuter mitbrachten?«, fragte die kecke Alina.

Kara schüttelte den Kopf: »Diese Geschichte erzählen der Pater und ich erst am Dreikönigsfest.«

Renate Günzel-Horatz

18. Räuber Rinaldo erinnert sich

Hinführung: Wir brauchen dem Kind in der Krippe keine kostbaren Geschenke wie die Könige zu bringen. Es freut sich über etwas anderes. Wir hören eine tolle Geschichte von einem Räuber Rinaldo, der lange brauchte, bis das Kind in der Krippe ihm zulächelte.

Vorlesedauer ca. 6 Minuten.

Als es noch Räuber und Strauchdiebe gab, war das Reisen für reiche Leute gefährlich. »Geldsäcke« nannten die Räuber sie, hielten ihnen Pistolen vor die Nasen, und die »Geldsäcke« mussten Dukaten herausrücken, Taler und Goldschmuck und Edelsteine. Mit der Beute verschwanden die Räuber in den Wäldern.

Ein gefürchteter Räuber hieß Rinaldo. Er trug einen grünen Mantel, der innen feuerrot war und unersättliche Taschen hatte. Sie waren oft mit Kostbarkeiten und Geld vollgestopft.

Es war kurz vor Weihnachten, als Rinaldo um ein Haar gefangen wurde. Reiter verfolgten ihn. Doch Rinaldo hatte Beine so flink wie ein Wolf und klettern konnte er so gut wie ein Marder. So entwischte er auf einen hohen Baum und die Reiter jagten unter ihm vorbei.

Während Rinaldo auf dem hohen Baum saß, begann er, über sein Leben nachzudenken – aus zwei Gründen: Erstens hatte er Angst um sein Leben, auch wenn er ein großer Räuber war; zweitens konnte er vom hohen Baum aus den Ort sehen, in dem er aufgewachsen war – als Sohn des Küsters.

Da fiel es Rinaldo wieder ein: Auf dem Altar der Kirche stand ein Christkind, aus Holz geschnitzt. Es trug ein Leinenhemdchen und nach altem Brauch bekam es jedes Jahr zu Weihnachten ein neues – als Weihnachtsgeschenk. Rinaldo erinnerte sich genau: Immer hatte sein Vater, der Küster, am Heiligen Abend vierundzwanzig Kerzen angezündet und zum Jungen gesagt: »Sieh dir an, wie das Christkind sich freut!« Und immer hatte das hölzerne Christkind gelächelt.

Sobald es dunkel geworden war, stieg der Räuber vom hohen Baum, ging in den Ort seiner Kindheit und klopfte beim Küster an die Tür. Es war ein neuer Küster und der erschrak, als der wild aussehende Mann von ihm verlangte: »Komm mit in die Kirche! Ich will sehen, ob das Christkind lächelt.«

»Aber das tut es doch erst übermorgen«, sagte der Küster, »wenn es sein neues Hemd bekommt.«

»Kein langes Gerede!«, sagte der Räuber. »Nimm Nadel und Faden und Schere mit!«

Der Küster nahm Nadel und Faden und Schere, den Kirchenschlüssel und ging mit dem Räuber in die Kirche. Er zündete am Altar vier Kerzen an. Rinaldo betrachtete das Christkind genau. »Es blickt traurig drein«, stellte er fest. Der Küster sagte wieder: »Übermorgen bekommt es ...«

»... ein schäbiges neues Hemdchen«, unterbrach ihn Rinaldo, »ich werde ihm was Besseres schenken. Gib das Nähzeug her!«

Der Räuber fädelte einen Faden ein, was er sehr gut konnte, weil er sich alles selber nähen musste und Augen wie ein Raubvogel hatte. Und dann holte er Ringe und Kettchen aus den Taschen, kostbare Gehänge mit Edelsteinen und nähte den Schmuck an das Christkindhemd. Der Küster sah mit großen Augen zu, starr wie eine Säule.

»Und nun zünde noch zwanzig Kerzen an!«, verlangte der Räuber, als er mit seiner Näharbeit fertig war, »vierundzwanzig müssen es sein.«

Bald brannten vierundzwanzig Kerzen wie immer, wenn das Christkind sein Geschenk bekam. Der Räuber Rinaldo betrachtete das Christkind. An seinem Hemd strahlten die Edelsteine, es funkelte von Gold.

»Wie lieb das Christkind lächelt!«, sagte der Küster, »wie sehr es sich freut!«

»Du hast Augen wie ein Maulwurf«, sagte der Räuber, der sich von keinem etwas vormachen ließ. »Keine Spur von Lächeln – warum lächelt es nicht?«

Er setzte sich auf die Altarstufen und dachte nach. Plötzlich fuhr er auf. »Ich hab' es, Küster«, sagte der Räuber. »Ich hab' einen großen Fehler gemacht und den Goldkram auf das alte Hemd genäht. Ist das neue schon bereit?«

Der Küster nickte und holte aus der Sakristei das neue Hemd. Und der Räuber Rinaldo machte sich die Mühe, alles Gold und alle Edelsteine vom alten Hemd abzutrennen und auf das neue zu nähen. Als der Küster es dem hölzernen Christkind angezogen hatte, strahlten Gold und Edelsteine noch heller. »Wie das Christkind sich freut! Wie es lächelt!«, rief der Küster eifrig.

»Lügner!«, sagte der Räuber streng. »Nicht eine Spur von Freude ist zu entdecken. Siehst du denn nicht seine traurigen Augen?«

Rinaldo setzte sich wieder auf die Stufen und dachte zum zweiten Mal nach. Da war's ihm, als blickten ihn die Augen der Kinder an, mit denen er aufgewachsen war, die Augen von Carlo und Paolo, von Nina und Maria, von Beppo und Pia und Francesco und Rosina. Nie hatten diese Kinder etwas anderes getragen als schmutzige und zerrissene Leinenhemden.

Rinaldo erschrak. Er stand auf. »Gib die Schere her!«, sagte er zum Küster. Und er trennte vom Christkindhemd die Edelsteine wieder ab und allen Goldschmuck. Die Kostbarkeiten legte er auf den Altar. Dann kramte er aus den unersättlichen Manteltaschen Taler und Dukaten und der Küster erschrak: einmal, weil so viel Geld zum Vorschein kam, zum andern, weil der Mantel innen rot war wie Feuer.

»Das alles«, sagte der Räuber Rinaldo, »ist für die Kinder, die nicht mehr als ein Leinenhemd besitzen. Du wirst den Eltern dieser Kinder etwas von diesem Geld geben, aber nicht zuviel auf einmal. Und wehe, wenn etwas davon verschwindet! Eines Tages werde ich wiederkommen und Rechenschaft von dir fordern.«

Der Küster hatte Angst und zugleich war er froh. Plötzlich deutete er auf das Christkind. »Sieh nur, es lächelt!« sagte er zitternd.

»Wahrhaftig!«, bestätigte Räuber Rinaldo, »es lächelt.«

Hans Baumann

19. Schenk mir Hände

Hinführung: Manche Kinder unter dem Weihnachtsbaum sind trotz der tollen Geschenke schnell wieder unzufrieden. Dabei bekommen wir täglich schon ungeheuer Wichtiges geschenkt. Was ich wohl meine?
Vorlesedauer ca. 4 Minuten.

Zwei Tage vor Weihnachten schreibt Manfred seinen Wunschbrief. Voriges Jahr hat ihm die Mutter noch geholfen. Heute kann er es allein. Er sitzt auf dem Teppich. Vor ihm steht die kleine Leselampe. Auf der Schreibunterlage liegt der Briefbogen. Manfred hat keine Hausschuhe an, keine Socken. Der Füllhalter steckt zwischen der großen Zehe und der zweiten Zehe am rechten Fuß. Der linke Fuß drückt das Blatt nieder. Manfred schreibt mit dem Fuß. Er hat keine Hände. Seine Arme hören beim Ellenbogen auf. So ist er auf die Welt gekommen. Er weiß nicht, warum. Niemand weiß, warum.

Voriges Jahr ist Manfreds Wunschbrief lang gewesen. Er hat alles bekommen: Die Eisenbahn, das Auto, den Legokasten, die drei Bücher. Heute schreibt Manfred nur einen Wunsch auf: »Schenk mir – Hände!«

Es gelingt ihm, das Blatt mit den Füßen in den Umschlag zu schieben. Auf den Umschlag schreibt er: An das Postamt »Christkindl« in Salzburg. Dann klemmt er den Brief zwischen die Armstümpfe und legt ihn auf das Fensterbrett in seinem Zimmer.

Am nächsten Tag riecht es gut in der Wohnung. Die Mutter backt Plätzchen. Manfred spielt mit der Eisenbahn. Die Mutter kommt aus der Küche. Sie sagt: »Manfred, ich gehe schnell einkaufen. Ich komme bald zurück.« Manfred nickt. Er ist nicht allein. Der Vater arbeitet in seinem Zimmer.

Nach einer Weile steht Manfred auf. Er geht in die Küche. Dort steht die Schüssel mit dem Backwerk. Ein Plätzchen ist auf den Tisch gerutscht. Es liegt ganz nahe am Tischrand. Manfred spitzt den Mund und schnappt es auf. Es schmeckt sehr gut.

Da sieht er die Gummihandschuhe der Mutter. Sie liegen auf dem Abwaschtisch. »Hände! Finger!«, denkt Manfred. Mit dem linken Arm streift er die Handschuhe auf den Boden. Dann hockt er sich hin. Er steckt jeden Armstumpf in einen Handschuh. Mit den Zähnen zieht er sie hoch. Die Handschuhe sitzen fest. Manfred rennt ins Wohnzimmer und schreit: »Hände! Ich habe Hände!« Er tanzt im Zimmer umher und schreit immer wieder: »Hände! Ich habe Hände!«

Die Mutter ist zurückgekommen. Der Vater kommt aus seinem Zimmer. Da stehen die Eltern und schauen auf ihr Kind. Der Vater presst die Lippen zusammen und geht in sein Zimmer. Die Mutter schluckt. Auf einmal bleibt Manfred stehen. Er schaut auf die Handschuhe. Er jubelt nicht mehr. Er ist still.

Und dann schleudert er die Handschuhe weg, wirft sich auf die Couch und weint. Die Mutter läuft zu ihm und nimmt ihn in die Arme. »Manfred, wenn du groß bist, bekommst du Hände. Es gibt Menschen, die können Hände machen, künstliche Hände«, sagt sie. Aber Manfred hört nicht zu. Später holt er den Brief und wirft ihn in den Abfalleimer. Am Abend geht er schlafen. Er betet. Aber er sagt nicht mehr: »Schenk mir Hände.« Er weiß, er bekommt keine – auch nicht zu Weihnachten.

Elfriede Becker

20. Das Niklas-Schiff

Hinführung: Jeder kann Fehler machen und Schuld auf sich laden. Manchmal aber gelingt es, auch schwere Schuld wieder gutzumachen. *Vorlesedauer ca. 5 Minuten.*

Paul hieß der Junge und der hatte großen Groll auf den heiligen Nikolaus, weil er immer nur Karl, dem Sohn des reichen Müllers, schöne Sachen brachte und ihm nie. Schließlich lauerte er dem Niklas sogar auf, um sich zu beklagen; doch als er ihn nahe vor sich sah mit wildem langem Bart und Zottelpelz, verließ ihn der Mut. Dem Karl grollte er umso mehr und wollte am nächsten Tag in der Klasse nichts von den Geschenken sehen. Doch als Karl ein kleines Holzschiffchen rüberschob mit Mastbaum und zwei Segeln, sogar mit einem kleinen eisernen Anker und dem Namen »St. Niklas«, da legte Paul den Kopf auf die Bank und begann bitterlich zu weinen. Keinem verriet er den Grund seiner Tränen, aber er ließ den Karl von der Mühle nicht mehr die Rechenaufgaben abschreiben und freute sich auch diebisch, als dieser Hiebe wegen der vielen Fehler bekam. Auf dem Heimweg lud Karl ihn trotz allem ein, nachmittags das Schiffchen auf dem Mühlbach schwimmen zu lassen, aber Paul schlug es grob aus.

So vergingen fast zwei Wochen. Karl bekam jetzt öfter Prügel in der Schule, aber Paul freute sich nicht mehr so darüber wie im Anfang. Am 20. Dezember lud Karl ihn noch einmal ein. Aber die Antwort war: »Damit ich dich dafür morgen abschreiben lasse? Nein!« Und Paul drehte ihm den Rücken zu.

Am selben Tag kurz vor der Dämmerung lief in der Mühle alles schreiend zusammen: Der stärkste Knecht trug Karl herbei. Karl war beim Schiffchen-Spielen in den eiskalten Mühlgraben gefallen. Paul war sehr erschrocken. Wäre er dabei gewesen, dann wäre das so nicht passiert. Wenn Karl jetzt sterben müsste! Paul strich um das Haus des Müllers und fragte eine Magd, wie es Karl gehe: »Er liegt da mit offenen

Augen, aber er kann nicht reden und auch nicht hören. Der Doktor könne nichts versprechen.«

Paul fror, dass es ihm die Glieder schüttelte. Er betete – sogar zum Nikolaus, er möge sich doch erbarmen und Karl wieder gesund werden lassen. Paul hielt es nicht mehr aus und schlich sich zu seiner freundlichen, klugen Tante. Die besann sich eine Weile. Dann sagte sie: »Weißt du, der Karl hat jetzt keine Seele.«

Die ganze Nacht zum 24. Dezember lag Paul wach und grübelte: Wo war nur die Seele? Aus Karls Mund herausgefallen und ertrunken? Dann fiel ihm plötzlich das Schiffchen ein, das war ja auch im Wassergraben. Vielleicht hatte sich Karls Seele an das Schiffchen angeklammert und gerettet?

Paul ging am Heiligabend noch einmal zur Magd des Müllers. Sie sagte: »Seit gestern Abend hat Karl die Augen zu.«

»Ist er gestorben?«

»Nein, jetzt ist er noch nicht gestorben.«

Paul lief zum Mühlbach. Er rannte zur Esche, wo es passiert war. Eine dünne Eisdecke hatte sich über den Bach gespannt. Er schlich am Ufer den Bach abwärts. Da traf es ihn: Eingefroren, nicht weit vom Ufer weg, stand das kleine, süße Holzschifflein und der Wind spielte leicht mit den Segeln. Und drinnen – drinnen im Schiff lag etwas Weißes. Es mochte ein verwehtes Blatt sein, das der Reif so weiß gemacht hatte. Für Paul war es Karls Seele. Sie hatte sich gerettet. Gefährlich weit beugte er sich über das Wasser und mit einem Erlenzweig gelang es ihm: Er hielt das Schiffchen in den Händen! Er schaute gar nicht hinein und eilte glücklich und zuversichtlich zum Müller. Die von der Kälte erstarrte Hand riss am Zuge der Klingel, so dass die Glocke schrecklich laut durchs Haus schrillte. Ungehalten kam der Müller herausgesprungen. Paul hielt ihm das Schifflein entgegen und sagte: »Ich bringe Karls Schiff. In dem Schiff ist Karls weiße Seele!« Der Müller starrte ihn an, nahm dann das Schiff und trug es ins Haus.

Noch ehe bei Paul die Lichter des kleinen Tannenbaums entzündet wurden, trat der Müller ins Haus, entschuldigte sich und sagte, er freue sich so, denn der Doktor sei eben wieder da gewesen und habe gesagt, der Karl werde nun bestimmt gesund werden. Das komme er sagen, weil sie ja öfter hätten nachfragen lassen. Dann fügte er noch hinzu: »Gerade als euer Paul das Schiffchen brachte und so sehr die Klingel läutete, ist der Karl aufgewacht und war wieder bei Besinnung. Uns sind die Augen übergegangen, weil doch euer Paul meinte, in dem Schiff bringe er Karls Seele!«

Paul Keller (um ca. zwei Drittel verkürzt)

21. Jakob malt ein Weihnachtsbild

Hinführung: Jesus hat einmal gesagt: Wenn ihr einem Menschen Gutes tut, dann ist das so, als wenn ihr mir Gutes tut.
Dazu hören wir eine Geschichte.
Vorlesedauer ca. 2 Minuten.

Jakob zeichnet und malt für Weihnachten. Tante Helli wünscht sich eine Krippe mit Jesuskind, Esel und Ochs. Onkel Fritz wünscht sich Hirten auf dem Weg nach Bethlehem. Die Omama hätte gern einen Engel, der freundlich dreinschaut und »Fürchtet euch nicht« sagt.

Jakob zeichnet eine Sprechblase vor den Mund des Engels und schreibt »Fürchtet euch nicht« hinein. Dann sagt er zu Katharina: »Jetzt hab' ich für jeden ein schönes Geschenk!«

»Nur für das Geburtstagskind noch nichts!«, sagt Katharina. »Für Jesus. Er hat zu Weihnachten Geburtstag. Eigentlich müsste man ihm etwas schenken!«

»Meinst du, er hätte Freude an einem Bild?«, fragt Jakob.

»Wenn es sehr schön und bunt ist – warum nicht?«, sagt Katharina.

Jakob nimmt ein neues Zeichenblatt. Er zeichnet einen Christbaum mit vielen Kerzen und Kugeln und Sternen in Fransenpapier. »Ich helf' dir«, sagt Katharina. Sie malt Tupfen und Sterne auf die Kugeln und um jede Kerze einen gelben Schein. »So«, sagt sie. »Jetzt bring ihm das Geschenk! Bring's ihm in die Kirche!« Jakob geht zur Kirche, aber das Tor ist verschlossen.

Jakob steht auf der Straße und überlegt, was er tun soll. Das Christbaumbild flattert im Wind. Jakob muss es mit beiden Händen halten. Eine alte Frau bleibt neben ihm stehen. »So eine lustige, bunte Zeichnung«, sagt sie. »Das ist wohl ein Weihnachtsgeschenk?«

»Ja«, sagt Jakob. Und dann hält er der alten Frau die Zeichnung hin. »Ich schenk sie Ihnen!«

»Nein, so etwas!«, ruft die alte Frau. »So eine Überraschung ..., danke ...«

Jakob rennt nach Hause. Katharina wartet schon auf ihn. »Na?«, fragt Katharina. »Der Christbaum hat Jesus sehr gut gefallen«, sagt Jakob.

»Weißt du das bestimmt?«, fragt Katharina.

»Ja«, sagt Jakob. »Er hat's mir ausrichten lassen!«

Lene Mayer-Skumanz

22. Der Sternmaler

Hinführung: Im Advent glänzen uns überall Sterne entgegen.
Wir hören von Sternen, die die Welt wirklich heller gemacht haben.
Vorlesedauer ca. 7 Minuten.

Im Atelier eines hohen Hauses stand ein armer Maler am Fenster und blickte hinaus. Es war Heiligabend und draußen leuchtete ein herrlicher Sternenhimmel. Aber der Maler hatte nichts zu essen und der Raum war dunkel und kalt. Traurig dachte er: »Warum kann ich nicht das malen, was den Menschen gefällt? Warum kann ich nicht auch einmal ein Bild malen, das die Menschen kaufen?« Und wie er so auf den Sternenhimmel sah, kam ihm ein Gedanke: »Ich male die Sterne. Was kann es Schöneres geben?« Und er machte sich gleich ans Werk.

Kaum hatte er einige Sterne auf die Leinwand gemalt, da klopfte es. Es war der Hauswirt, der seine Miete wollte. »Zwei Jahre habe ich nun schon gewartet«, polterte er, »aber jetzt ist meine Geduld zu Ende. Her mit der Miete oder ihr müsst ausziehen!«

Während seiner letzten Worte hatte er das Bild erblickt, vor dem der Maler stand, und hatte die Sterne darauf gesehen. »Oder«, fing er wieder an, »ihr könnt mir auch so ein Sternenbild geben.« Der Maler drehte sich zur Staffelei um und wunderte sich. »Alle Sterne kann ich euch nicht geben«, sagte er, »doch ich will euch einen abschneiden.« So nahm er eine Schere, schnitt ein Rechteck mit einem Stern aus der Leinwand aus und gab es dem Hauswirt. Dieser nahm den Stern sorgsam in die Hand und ging die Treppe hinab. »Meine Frau wird sich gewiss freuen«, dachte er, »unser Tannenbaum hat noch keinen Stern an der Spitze.«

Der Maler wandte sich wieder dem Bild zu und malte weiter. Kaum hatte er eine Viertelstunde gemalt, da klopfte es wiederum. »Ach«, seufzte der Maler, denn er ahnte nichts Gutes.

Wirklich, es war der Schneider, der ihm den Wintermantel gemacht hatte, das einzige warme Stück, das er besaß. »Ihre Rechnung ist noch nicht beglichen, mein Herr«, sagte der Schneider mit scharfer Stimme. »Ich kann nicht länger warten, ich brauche mein Geld.« Der Maler wusste nicht, was er sagen sollte. Da fiel der Blick des Schneiders auf das Sternenbild. »Oh, was für schöne Sterne ihr da gemalt habt!«, sagte er. Schließlich könntet ihr mir so einen Stern da geben.«

Der Maler atmete heimlich auf, holte seine große Schere und schnitt wieder einen Stern von der Leinwand ab. Der Schneider nahm das Sternbild behutsam in beide Hände, bedankte sich und ging die Treppe hinunter. »Meine Frau«, dachte er, »erwartet ein Kind und vielleicht bringt ihr der Stern Glück ...«

Nachdem der Maler wieder eine Zeit lang gemalt hatte, pochte es von Neuem. Der Kohlenhändler stand in der Tür. »Wie ist's mit der Rechnung?«, fragte er barsch. »Die Kohlen sind verheizt, nicht wahr, aber ich muss auf mein Geld warten.« Dem Maler stieg das Blut zu Kopf. Doch in diesem Augenblick fiel der Blick des Kohlenhändlers auf das Bild. »Sieh an«, sagte er, »so ein Sternenbild, das könnte ich brauchen. Meine alte Mutter ist auf den Tod krank – vielleicht macht es ihr Freude ...« Und der Maler eilte und schnitt auch dem Kohlenhändler ein Sternenbild aus der Leinwand.

Als die polternden Schritte im Haus verklungen waren, setzte sich der Maler auf eine kleine Kiste und seufzte erlöst: »So, jetzt habe ich meine Schulden beglichen. Das ist wahrhaftig ein schönes Gefühl zu Weihnachten.« Und er blickte dankbar um sich. Aber der Raum war immer noch dunkel und kalt und zu essen hatte er auch nichts.

Der Hauswirt war inzwischen nach Hause zurückgekehrt und hatte seiner Frau das Sternenbild gegeben. »Wie schön«, sagte sie und befestigte es an der Spitze des großen Tannenbaumes, damit ihn alle sehen konnten. Als die Kinder das Zimmer mit den Geschenken betreten durften, fiel ihr erster Blick auf den Stern, und sie sahen ihn alle wie gebannt an. Er strahlte ein so helles mildes Licht aus, dass allen ganz froh und leicht ums Herz wurde. Als sie mitten im Feiern waren, sagte die Mutter zu den Kindern: »Eigentlich müssten wir dem armen Maler, der diesen schönen Stern gemalt hat, doch auch etwas bringen.« Und sie ermunterte ihre fünf Kinder und jedes nahm etwas von seinem Gabentisch. So füllten sie einen ganzen Korb mit Leckerbissen. Damit machten sie sich auf den Weg zum Maler.

Der war nicht wenig erstaunt, als sich mit einem Mal die Tür auftat und die Frau seines Hauswirts mit all ihren Kindern erschien, ihm frohe Weihnachten wünschte und den kleinen Tisch mit den schönsten Leckereien bedeckte.

Der Schneider hatte ebenfalls sein Sternbild am Weihnachtsbaum angebracht, hatte die Kerzen angezündet und die Tür zum Zimmer seiner Frau geöffnet, die, noch das Kind erwartend, zu Bett lag. »Wie wunderbar!«, rief sie aus, als sie den Stern sah und ihr Herz wurde erfüllt von Kraft und Zuversicht.

Als bald darauf das Kind zur Welt kam, sagte sie: »Lieber Mann, denke doch an den armen Maler, der mir mit seinem Stern so viel Kraft und Zuversicht geschenkt hat. Hast du nicht vielleicht noch einen schönen warmen Anzugsstoff für ihn?« Und der Mann, der glücklich war, dass seine Frau und sein Kind gesund waren, küsste seine Frau auf die Wange. »Du hast Recht«, sagte er, »ich gehe und bringe ihm ein Weihnachtsgeschenk von uns.«

Als es beim Maler wieder klopfte, da war es der Schneider, der ihm einen Ballen Anzugstoff, genug für Jacke, Weste und zwei Hosen, in den Arm legte. Noch ehe sich der Maler bedanken konnte, war der glückliche Schneider schon wieder nach Hause geeilt.

Das letzte Sternbild aber, das der Kohlenhändler geholt hatte, kam an ein Tannenbäumchen, das für seine kranke Mutter bestimmt war. Der Kohlenhändler und seine Frau trugen es in das Krankenzimmer. Sie fürchteten sich beide vor dem schmerzvollen Stöhnen der Mutter, der man nicht mehr helfen konnte. »Mutter«, sagte der Kohlenhändler, »ein kleiner Tannenbaum zur Christnacht ...«, und die alte todkranke Frau schlug die Augen auf und erblickte den Stern. Ähnlich den anderen Sternen sandte auch dieser seinen süßen Frieden in das Herz der Kranken und sie lächelte. »Wie geht es dir?«, fragte der Sohn. »Besser«, sagte sie, »viel besser! Danke für den herrlichen Stern.« Und sie strich zärtlich über die Hand ihres Sohnes. »Nun fürchte ich mich nicht mehr.«

Den Kindern aber liefen die Tränen über das Gesicht, denn sie sahen, dass die Mutter bei diesen Worten verschieden war. »Wir müssen dem Maler danken«, sagten sie zueinander, »dass er einen so schönen Stern gemalt hat. Er hat der Mutter gut getan und ihr Frieden gebracht.« Und sie umarmten sich voller Trauer.

In derselben Nacht noch kam ein Wagen beim Maler vorgefahren und der Kohlenhändler fragte, wohin er die Kohlen stellen solle. »Eine kleine Aufmerksamkeit zu Weihnachten«, sagte er verlegen und verschwand gleich wieder. Der Maler aber trat an das große Atelierfenster und schaute voll Dankbarkeit auf den Sternenhimmel.

Bettina Ewerbeck

23. Rauch verhüllt die Sterne von Kalkutta

Hinführung: Wir haben im Advent schon so viel Weihnachtsgebäck gegessen, dass die Teller unter dem Weihnachtsbaum kaum noch angerührt werden. Wir hören von Kindern, die von solch einem Reichtum nur träumen können.
Vorlesedauer ca. 4 Minuten.

Müde setzt der Vater die zwei Bündel ab. Die Kinder legen ihre Matten nieder. Der Vater sagt: »Wir müssen hier bleiben. Ich finde keine andere Wohnung für uns.« Er zeigt auf eine dicke Betonröhre. Sie ist leer. Sie liegt auf einem Schuttplatz der Stadt. In anderen Röhren hocken Frauen, Kinder und alte Männer. Diese Röhren braucht niemand mehr. So sind sie Wohnungen für viele Flüchtlinge.

Die Mutter seufzt und nickt. Sie gibt Durga das Baby zum Halten. Sie öffnet ein Bündel. Sie nimmt eine Decke heraus und breitet sie in die Röhre. Dann kriecht sie hinein. Durga reicht ihr das Baby. Die vier kleinen Kinder legen ihre Matten hinein und kriechen zur Mutter. Sie schmiegen sich dicht aneinander. Durga schaut rundherum. Das ist nicht ihre Lehmhütte auf dem Berg. Die Lehmhütte steht nicht mehr. Das Dorf ist verschwunden. Der Sommermonsun hat alles weggeschwemmt. So sind sie in die Stadt geflüchtet. Aber in der Stadt ist kein Platz für sie.

Der Vater sagt: »Ich gehe Arbeit suchen.« Er geht.

»Komm herein«, sagt die Mutter. Doch Durga schüttelt den Kopf. Sie sagt: »Ich gehe ein wenig umher. Vielleicht finde ich etwas, das wir brauchen können.«

Durga geht in die Gassen der Vorstadt. Es ist kalt in Kalkutta, abends am 24. Dezember. In den Gassen stehen kleine Eisenöfen. Männer von der Stadt haben sie aufgestellt. Die Stadt schenkt den Armen die Kohle. Die Armen sitzen um die Öfen herum und wärmen sich die Hände oder den Rücken. Dicker Rauch steigt auf. Durga muss husten. Da fährt ein Lastwagen vorbei. Ein leerer Karton fällt herunter. Drei Kinder springen hin. Durga am schnellsten. Sie fängt den Karton auf. Dann geht sie weiter. Sie biegt um eine Hausecke. Sie merkt sich das Haus. Es ist ein Hotel. Sie muss wieder zurückfinden.

Ein Tor führt in einen Hof. In einer Ecke steht eine Mülltonne. Durga schaut hinein. Es riecht nicht gut. Da blitzt etwas Helles. Durga greift zu und zieht eine Konservendose heraus. Sie ist leer. Jemand schimpft. Durga läuft schnell aus dem Hof. An einem Brunnen wäscht sie die Konservendose ab.

Durga läuft »heim« zu ihrer Röhre. »Schau, Mutter, was ich gefunden habe«, sagt sie. Die Mutter freut sich. »Jetzt kann ich euch Reis kochen. Geh und hol Wasser!«

Der Vater kommt aus der Stadt. Er sagt: »Heute habe ich keine Arbeit gefunden; vielleicht morgen. Es sind zu viele Menschen in der Stadt.«

Die Mutter holt ein Säckchen Reis aus einem der Bündel. »Wir haben noch drei Säckchen Reis und zwei Säckchen Mehl.« Sie sagt es sehr leise. Der Vater sucht Steine und baut einen Herd. Er hat ein paar Kohlen mitgebracht. Mit Durgas Karton macht er Feuer.

Reis in Wasser gekocht – das ist das Abendessen. Müde kriechen die Kinder mit der Mutter in die Röhre. Sie sind nicht satt. Der Vater geht noch einmal weg. Auch Durga kann noch nicht schlafen. Sie geht an den Rand des Schuttplatzes und hockt sich nieder. Sie schlingt die Hände um die Knie und schaut zum Himmel. Sie denkt: Wo sind die Sterne? Die Sterne aus ihrem Dorf? In Kalkutta blitzen keine Sterne am Himmel. Rauch verdunkelt die Sterne von Kalkutta.

Elfriede Becker

24. Zwei Briefe an das Christkind

Hinführung: Wie lang ist euer Wunschzettel zu Weihnachten (gewesen)?
Vorlesedauer ca. 4 Minuten.

Eifrig schrieb Klaus auf einen großen Bogen Papier. »Darf ich lesen?«, fragte die Großmutter. Klaus reichte ihr den Briefbogen und die Großmutter las:

»Liebes Christkind! Ich wünsche mir als Erstes zu der elektrischen Eisenbahn, die du mir voriges Jahr gebracht hast, eine zweite Lok, zwei neue Anhänger, ein Signal, eine Schranke und ein Bahnhofsgebäude. Dann wünsche ich mir Schi mitsamt Schuhen, Hose und Anorak und was alles zur Schi-Ausrüstung gehört. Dann wünsch' ich mir eine Armbanduhr, aber eine schöne, wie mein Freund Erich eine hat. Und weil ich nicht immer nur Eisenbahn spielen will, möchte ich noch ein Tischtennis und ein paar Gleinigkeiten, vielleicht ein Foto …«

Weiter war Klaus noch nicht gekommen. »Meinst du, es ist recht so?«, fragte Klaus seine Oma.

»Du hast einige Fehler drin«, sagte diese, »Kleinigkeiten schreibt man zum Beispiel mit K.«

»Das macht doch nichts«, meinte Klaus, »aber meinst du, dass mir das Christkind das alles bringen wird?«

»Ich weiß nicht recht, Klaus«, sagte die Großmutter, »aber ich will dir jetzt etwas erzählen:

Als dein Vater sieben Jahre alt war, schrieb auch er einen Brief an das Christkind. Und das Christkind konnte ihm nur seinen Hauptwunsch erfüllen. Aber darüber waren alle so froh und dem Christkind dankbar, dass wir gar nicht *mehr* wollten.«

»Was hat er sich denn gewünscht, Oma?«, fragte Klaus mit großen Augen.

»Warte einmal«, antwortete die Großmutter, »ich habe den Brief aufgehoben und werde ihn dir bringen.« Nach einer Weile kam die Großmutter mit einem vergilbten Briefbogen zurück. »Du musst wissen«, sagte sie, »damals, als dein Vater diesen Brief schrieb, war Krieg und dein Großvater war als Soldat in Russland. Aber jetzt lies nur.« Und Klaus las:

»Liebes Christkind! Als Allererstes wünsche ich mir, dass mein Vater Weihnachten Urlaub bekommt und bei uns ist. Dann wünsche ich mir für uns alle einen kleinen Christbaum. Für mein Schwesterchen, das noch nicht schreiben kann, wünsche ich einige Lebkuchen und Zuckerstückchen, weil sie die so gerne mag. Der Mutti bringe bitte Stoff für einen neuen Mantel, weil sie aus ihrem alten einen für mich und Everl gemacht hat, und einen Bezugsschein kriegt sie nicht. Der Oma bringe bitte eine Flasche Wein, weil sie krank ist, und warme Hausschuhe. Wenn es geht, bringe auch mir ein Paar neue Schuhe. Meine alten sind zu klein; ich ziehe sie in der Schule unter der Bank nämlich aus, weil sie mir wehtun. Mutti soll das aber nicht wissen, sonst hat sie noch mehr Sorgen. Aber, liebes Christkind, die Schuhe und alles andere ist nicht so wichtig. Die Hauptsache ist, dass Vati auf Urlaub kommt. Es grüßt dich dein Michael!«

Klaus war beim Lesen ganz still geworden. »Ist denn Großvater dann wirklich auf Urlaub gekommen?«, fragte er.

»Ja«, nickte die Großmutter, »und das war eine große Gnade. Dein Vater hat so fest darum gebetet und ich danke heute noch dem lieben Gott, dass er das Gebet erhört hat. Denn denke dir, ohne diesen Urlaub wäre dein Großvater tot gewesen. Als er nämlich nach dem Urlaub wieder an die Front musste, konnte er seine Einheit nicht mehr finden. Gerade um Weihnachten hatten die Russen einen großen Angriff gemacht und die ganze Einheit deines Großvaters aufgerieben. Von allen seinen Kameraden war keiner mehr da und man hat auch nie wieder von ihnen etwas gehört.«

Klaus sah seine Großmutter erschrocken an. »Wirf doch bitte meinen Brief weg«, sagte er nach einer Weile des Schweigens, »ich schreibe einen neuen.«

»Und was wirst du dir jetzt wünschen?«, fragte die Großmutter. Und Klaus antwortete: »Dass kein Krieg mehr kommt und wir alle immer beisammen bleiben dürfen und sonst soll mir das Christkind noch bringen, was es selber meint.«

Rosa Maria Slévi

25. Hannas schönstes Weihnachtsgeschenk

Hinführung: Wir hören von einem Geschenk, das wichtiger als das Tollste war, dass ihr euch zu Weihnachten gewünscht habt (wünscht). *Vorlesedauer ca. 4 Minuten.*

Die Weihnachtsferien sind vorüber, und die Kinder sitzen am ersten Schultag mit Frau Müller-Schmidtlein im Klassenzimmer. »Was war denn nun euer schönstes Weihnachtsgeschenk?«, fragt die Lehrerin. Da gehen die Finger hoch und die Antworten überschlagen sich nur so.

»Ich habe einen Computer bekommen!«, schreit André. »Und dazu sieben Computerspiele!«

Aber Michael ruft gleich dazwischen: »Eine Ritterburg mit einem richtigen Burgverlies und Kanonen, die schießen!«

»Eine neue Barbie!«, sagt Katharina und hält die Puppe hoch, dass sie alle sehen können. Sie hat sie extra zum ersten Schultag mitgebracht. »Und ein großes Barbiehaus!«

»Ich auch!« »Ich auch!«, fallen Vanessa und Julia ein.

»Und ich eine kleine Heimorgel«, sagt Jessica bedächtig. »Ab übermorgen bekomme ich auch Orgelunterricht!«

»Ich habe auch eine bekommen!«, ruft Julius gleich hinterher. »Aber ich kann schon ein bisschen spielen!«

Guido hat den alten Videorecorder von seinen Eltern bekommen. »Naja ...«, sagt Frau Müller-Schmidtlein, die ihm den Spaß nicht verderben will. Nein, das findet sie gar nicht gut. Dafür lacht sie laut, als Tobias erzählt, was er bekommen hat. »Ein Angelspiel mit Batterien. Wenn man die Angel über die Fische hält, dann schnappen sie richtig nach den Würmern!«

»Angelt ihr denn mit richtigen Würmern?«, will Sophia wissen. Da müssen alle laut lachen, nicht nur Frau Müller-Schmidtlein. »Was hast du denn bekommen?«, fragt sie Sophia.

»Zwei Tage nach Weihnachten ein Brüderchen!«, ruft Sophia und lacht am allerlautesten, weil sie sich so freut. Sie hat sogar zwei Fotos mitgebracht, die die Lehrerin in der Klasse herumgehen lässt.

Einer nach dem anderen erzählt, was es zu Weihnachten gegeben hat. Ein ferngelenktes Polizeiauto für Louis, einen großen Technikbaukasten für Thilo, einen Superschlitten für Marina und gleich sechs Videofilme auf einmal für Jonathan.

»Und Hanna?«, fragt Frau Müller-Schmidtlein und nickt Hanna freundlich zu. »Was war denn dein schönstes Weihnachtsgeschenk?«

Hanna braucht lange, bis sie endlich antwortet. »Ich habe meinen Papa bekommen!«, sagt sie endlich. Als alle Kinder sich nach ihr umdrehen, wird Hanna rot vor Verlegenheit. »Da freuen wir uns doch alle mit dir!«, sagt die Lehrerin. »Hat deine Mama wieder geheiratet?«

»Nein ...«, meint Hanna stockend, »es ist mein Papa wie immer!«

Sie weiß nicht, wie sie das Frau Müller-Schmidtlein und den anderen Kindern klarmachen soll.

»Mein Papa ist im Frühjahr bei uns ausgezogen!«, sagt sie schließlich. »Meine Eltern lebten getrennt!« So hatten es ihr die Großen erklärt.

»Aber jetzt ...«, wieder stockt sie, »jetzt haben sie gemerkt, dass sie sich doch nicht trennen wollen.«

»Sie haben sich also immer noch lieb!«, sagt die Lehrerin einfach und Hanna nickt.

»Weihnachten ist mein Papa wieder bei uns eingezogen«, erklärt sie dann.

»Und du hast deinen Papa wiederbekommen!«, lacht Frau Müller-Schmidtlein. »Ja. Da kann ich verstehen, dass das dein schönstes Weihnachtsgeschenk ist!«

»Genau!«, sagt Hanna und schlägt die Hände vor ihr Gesicht.

Es braucht ja niemand zu sehen, dass sie auf einmal weinen muss. Ob das einer versteht, wie das ist, seinen Papa zu verlieren und ihn dann plötzlich wiederzuhaben?

Rolf Krenzer

26. Roberto spinnt

Hinführung: Überall finden jetzt die Proben für Krippenspiele statt. Wir hören von einem, das abgebrochen werden musste.
Vorlesedauer ca. 5 Minuten.

In einer kleinen Schulgemeinde durften die Kinder die Weihnachtsgeschichte aufführen. Der Wirt des Gasthauses »Zum Löwen« stellte großzügig seinen Saal zur Verfügung. Die rund dreißig Schüler hatten – von der ersten bis zur vierten Klasse alle zusammen – denselben Lehrer und teilten dasselbe Zimmer. Das gibt es eben auch heute noch. Der Lehrer, Gottlieb Eggimann, wäre eigentlich schon lange pensioniert, aber mangels eines jüngeren Bewerbers ließ man ihn weiter im Amt. Ja, man liebte das Traditionelle in dieser kleinen Gemeinde; und zur Tradition gehörte auch die alljährliche Weihnachtsaufführung der Schüler.

Die tragenden Szenen – seit Jahren dieselbe Geschichte: Maria und Josef auf der Suche nach einer Unterkunft für eine Nacht. Bei der Rollenverteilung rissen sich die größeren Jungen um die Hauptrolle, jeder wollte den Josef spielen. Aber auch die Mädchen drängten sich vor für die Rolle der Maria. Diplomatisch, so gut es eben ging, verteilte »Eggi«, wie der Lehrer im ganzen Dorf genannt wurde, die Rollen. Er führte selbstverständlich auch Regie. Nur bei einer Besetzung gab es Probleme, niemand wollte den bösen Gastwirt spielen, der dem jungen Paar so schroff den Eintritt in sein Gasthaus verwehrte und sie unbarmherzig wegjagte. So musste schließlich Roberto, der Sohn eines italienischen Gastarbeiterehepaares, welches im Restaurant »Zum Löwen« seit Jahren in der Küche arbeitete, die Rolle übernehmen. Er musste. Erstens, weil er noch nicht so gut deutsch sprach, und zweitens schien er mit seinem dunklen, gekrausten Haar und den dunklen Augen am ehesten einem Bösewicht zu gleichen. Das war auf alle Fälle die Meinung der halben Klasse.

Der kleine Roberto lernte seine Rolle schnell und gut. Lautstark schmetterte er an den Proben sein »Nein, von mir bekommt ihr kein Zimmer! Gesindel, verschwindet!« von der Bühne. Aber: Wie hasste der Kleine doch seine Rolle. Im Innersten würde er den beiden armen Geschöpfen Maria und Josef doch liebend gerne ein Zimmer geben und – wenn es sein müsste – sogar sein eigenes. Doch, das hatte ihm der Lehrer eingefleischt: böse und mit grimmiger Miene sind die beiden wegzujagen. Ja, so ein kleiner Schauspieler hat es wirklich nicht leicht. Robertos Vater tröstete ihn und versprach, bei der Weihnachtsaufführung dabei zu sein. Und das bedeutete viel, denn er zeigte sich sonst kaum im Dorf.

Endlich war es so weit, der große Tag stand vor der Tür. Der kleine Saal war zum Bersten voll, viele mussten sogar stehen; einige zusätzliche Stühle holte man eiligst vom Restaurant »Bären« gegenüber. Mit leuchtenden Augen standen die Kinder in ihren selbst gemachten Kostümen da. Vor allem Maria strahlte; mit ihren Zapfenlocken war sie wunderschön anzusehen, denn die Mutter hatte sie am Nachmittag noch zum Friseur geschickt. Und wie sie spielten! Der Lehrer Eggimann wurde immer größer und stolzer; denn was seine Kinder auf der Bühne boten, war schlicht erstaunlich. Seit bald zwanzig Jahren hatte er nie mehr eine so hinreißende Aufführung miterlebt. Der Lehrer – und ein paar Dorfeinwohner mit ihm – bekam feuchte Augen.

Nun folgte der zweite Akt beim Gastwirt, bei Roberto. Und wie die Maria in ihren Zapfenlocken um ein Zimmer bat – es war zum Steinerweichen. Aber jeder wusste, was nun kommen musste; man hat es bei den Proben Dutzende Male gehört: »Nein, von mir bekommt ihr kein Zimmer! Gesindel! Verschwindet!« Roberto stand da mit grimmigem Blick und hörte das Klagen der Maria. »Ach, Wirt, habe Erbarmen, ich friere! Lass mich in dein Haus!« Roberto schaute immer grimmiger drein und setzte an, um seinen hundertmal geübten Satz in den Saal zu schmettern. Oh, wie er seine Rolle hasste; vor dem ganzen Dorf musste er Maria und Josef in die dunkle Nacht zurückschicken, ausgerechnet er. Doch plötzlich verschwand der dunkle Schatten von seinem Gesicht, ja, es begann förmlich zu leuchten. Und Roberto sagte mit fester Stimme: »Kommt nur herein, ich gebe euch mein bestes Zimmer!« Und bevor der Lehrer vor Schreck beinahe vom Stuhl fiel, fuhr der kleine Roberto fort: »Und zu essen bekommt ihr auch, so viel ihr wollt!« Und er griff Maria sanft bei der Schulter und wollte sie durch die Kulissentür in sein Gasthaus führen.

»Spinnst du?«, flüsterte die Maria deutlich hörbar dem Jungen zu, während Josef ein noch etwas unanständigeres Wort brauchte. Peinliche Sekunden vergingen, ehe der Lehrer endlich »Vorhang, Vorhang!« schrie. Der Vorhang wurde gezogen – die Weihnachtsaufführung war vorzeitig beendet.

»Der kleine Roberto hat es tatsächlich fertig gebracht, meine Aufführung platzen zu lassen«, wetterte der Lehrer später in der Gaststube. Roberto saß inzwischen mit verweinten Augen zu Hause und versuchte seinen Eltern das Malheur zu erklären. »Papa, ich konnte doch die beiden nicht einfach wegschicken, sie haben doch so gebettelt und waren so verzweifelt und schließlich ist doch Weihnachten!«

»Roberto, du magst ein schlechter Schauspieler sein, aber du bist ein wunderbarer Sohn!«, sagte der Vater leise und strich ihm sanft über das dunkle, gekrauste Haar ...

Bruno Schlatter

27. Die Könige mit den kahlen Köpfen

Hinführung: Leider hält nicht jeder Erwachsene sein gegebenes Versprechen. Wir hören von Kindern, die sich das nicht gefallen ließen. *Vorlesedauer ca. 7 Minuten.*

Eisig fegte der Wind durch die menschenleere Dorfstraße. Langsam senkte sich aschgrau die Dämmerung herab, als plötzlich, mit dem fünften Schlag der Turmuhr, viele vermummte Gestalten aus den umliegenden Häusern eilten. Alle überquerten den Marktplatz und strebten wie die Lemminge auf das große neue Gebäude am Ende der Straße zu.

In der Eingangshalle des Gemeindezentrums verwandelten sich die Mumien schlagartig in fröhlich lachende Jugendliche. Sie warfen ihre Mäntel und Mützen auf die Garderobentheke und schwatzten munter los. »Brr«, rief Martin und schlug die Arme gegeneinander, »was für eine Kälte.« Einige kleinere Kinder rannten lärmend durchs Foyer. Die Erwachsenen schauten schmunzelnd zu. Doch dann drang lautstark und energisch die Stimme von Herrn Meier, dem Bürgermeister, durch die Halle. Er klatschte in die Hände und rief: »Genug jetzt, alles auf die Bühne!« Unter Schubsen und Rennen drängten die Jungen und Mädchen durch den großen Saal auf die Bühne. Herr Meier erwartete unbedingten Gehorsam, das wussten alle. Schließlich hatte er großen Anteil an der Errichtung dieses neuen Gemeindezentrums. Das Krippenspiel zur Einweihung sollte ein Erfolg werden und so ließ er es sich nicht nehmen, selbst Regie zu führen. Noch ahnte er nicht, wie rebellisch seine Schauspieler sein konnten. Denn die Akteure waren allesamt jung, hatten total andere Vorstellungen von einer Weihnachtsaufführung und waren nur allzu bereit für ungewöhnliche Neuerungen.

Kaum hatten Maria und Josef neben der Krippe Aufstellung genommen, rief eine Stimme aus dem Saal: »Herr Meier, hier sind zwei Kinder, die Sie unbedingt sprechen wollen.«

»Keine Zeit, sie sollen sich auf die Stühle setzen«, rief Herr Meier verdrießlich. Doch zu seinem Erstaunen kam ein blasser, bleistiftdünner Junge mit einem kleinen zarten Mädchen an der Hand direkt auf die Bühne. »Ich sagte doch, keine Störung jetzt«, blaffte Herr Meier. Er schaute etwas verwundert auf die beiden Gestalten.

»Guten Tag«, lächelte das Mädchen, »einen schönen Gruß von Schwester Agathe und da sind wir.«

»Das sehe ich. Aber wer seid ihr?« Der Bürgermeister konnte sich keinen Reim auf das Ganze machen.

»Er kennt uns nicht«, flüsterte die kleine Julia dem großen Berthold zu. »Wir sollten unsere Mützen abnehmen.« So nahmen beide ihre Mützen ab und zeigten den erstaunten Umstehenden ihre völlig kahlen Köpfe. »Wissen Sie jetzt, wer wir sind?«

»Keine Ahnung«, versicherte der Bürgermeister. »Im Sommer besuchten Sie im Krankenhaus die Krebsstation für Kinder. Damals haben Sie uns versprochen, dass nach der Chemotherapie unser Wunsch in Erfüllung gehen wird und wir beim Krippenspiel einen König spielen dürfen.«

Der Bürgermeister war perplex. »Ich, ich entsinne mich«, antwortete er lahm. »Nun«, ... er druckste herum, »wir haben aber schon drei Könige und übermorgen ist Heiliger Abend, also zu spät, um euch noch eine Rolle zu geben.«

Inzwischen umringten alle Schauspieler neugierig die Gesprächsgruppe. »Kommt, setzt euch da unten in die erste Reihe«, versuchte der Bürgermeister die beiden Neulinge zu beschwichtigen, »ihr bekommt auch bei der Aufführung einen Ehrenplatz und nächstes Jahr ...« Weiter kam er nicht. »Nein, das wollen wir nicht«, verkündete Berthold laut und drückte dabei Julias Hand. »Ob wir nächstes Jahr noch ...« Er vollendete den Satz nicht.

»Aber ich sehe wirklich keine Möglichkeit«, fing der Bürgermeister erneut an. Mit einem Mal bahnte sich Stefanie, die die Maria spielte, energisch einen Weg durch die Gruppe. Sie hatte das Jesuskind aus der

Krippe genommen und laut wandte sie sich an Herrn Meier: »Wenn Sie es den beiden versprochen haben, müssen Sie es halten. Sonst werde ich samt dem Jesuskind nicht mitspielen.«

Herr Meier war fassungslos. Was bildete sich diese Göre denn ein? Doch ehe er den Mund aufmachen konnte, trat Josef vor: »Wenn Maria geht, muss ich als Josef mit ihr und dem Kind gehen.« Die anderen grinsten verstohlen. »Dasselbe gilt selbstverständlich auch für uns«, meldeten sich die Hirten. Der Aufruhr war perfekt.

»Schon gut, schon gut«, rief Herr Meier entnervt, »ich habe verstanden. Also was schlagt ihr vor?«

Es folgte eine heftige Diskussion mit lautstarken Äußerungen und verschwörerischem Getuschel. Doch ganz allmählich schälte sich eine Lösung heraus, mit der alle zufrieden waren.

Die Geschichte um die beiden kranken Kinder machte rasch die Runde im Dorf. Jeder wollte wissen, wie die Sache ausgehen würde und am Heiligen Abend nach dem Gottesdienst war im Gemeindezentrum kein Stuhl mehr frei.

Alles klappte tadellos. Dann kam der spannende Moment.

»Wir sind die Heiligen Drei Könige und kommen von fern.

Wir bringen Gold, Weihrauch und Myrrhe unserem Herrn.«

Drei prächtig gekleidete Könige mit Kronen auf dem Kopf traten neben die Krippe, knieten nieder und überreichten dem Kind ihre Gaben. Dann kamen zögerlich noch zwei Könige. Ein kleines blasses Mädchen und ein großer schmaler Junge. Beide trugen normale Kleidung, aber auf ihren kahlen Köpfen trug jeder eine wunderschöne Krone. Sie knieten neben der Krippe nieder, nahmen ihre Kronen ab und der Junge sagte mit zitternder Stimme:

»Liebes Jesuskind, wir möchten dir so gerne etwas schenken. Aber wir haben nichts Wertvolles. Deshalb bringen wir dir unsere Kronen – aber sie sind nicht aus Gold. Wir bringen dir unsere Herzen – aber sie sind voller Angst. Wir weihen dir unser Leben – aber wir wissen nicht, wie lange es noch dauert.«

Jeder im Saal war tief betroffen und mancher hörte tränenblind, wie Maria sagte: »Seht, wie das Kind euch zulächelt.« Dann nahm sie zwei Kerzen, zündete sie an und sagte: »Nehmt dieses Licht als Zeichen der Hoffnung und als Zeichen der Liebe. Und wenn es ganz finster um euch wird, zündet diese Kerzen an und seid gewiss, dass das Kind in der Krippe euch nahe ist und euch auch in der tiefsten Dunkelheit nicht verlässt.«

In diesem Moment gingen im Saal alle Lichter aus. Nur die beiden Kerzen brannten und irgendwo im Hintergrund fing leise das Harmonium an zu spielen und eine weiche Stimme sang:

Dies ist die Nacht, da mir erschienen
des großen Gottes Freundlichkeit;
das Kind, dem alle Engel dienen,
bringt Licht in meine Dunkelheit
und dieses Welt- und Himmelslicht
weicht hunderttausend Sonnen nicht.

Am Ende sangen alle im Saal mit und keiner, der dabei war, wird dieses Weihnachtsfest je vergessen.

Ursula Berg

22. Die Könige mit den kahlen Kopfen

28. Drei Könige lernen teilen

Hinführung: Der große Stern, der über dem Stall stand, erinnerte die *drei Könige auch noch später an das, was die Welt heller machen kann. Vorlesedauer ca. 6 Minuten.*

Drei Könige hatten lange beim Kind gesessen. Dankbar und voll von Eindrücken waren sie am Ziel ihrer langen Reise. Jeder König hatte seine Geschenke neben die Krippe gelegt. Nun nahmen sie Abschied. Doch jeder dachte für sich: »Ich will zur Erinnerung an dieses wunderbare Geschehen eine Kleinigkeit mitnehmen. Aber außer ihren Geschenken war wenig im Stall. Und das Wenige wollten sie dem Kind und seinen Eltern lassen. So nahm der eine König etwas Erde vom Boden, füllte sie in einen Beutel und hängte ihn an seinen Mantel. Der andere König füllte etwas Wasser aus dem Trog in ein Fläschchen, verschloss es gut und legte es in seine Reisetasche. Der dritte König bat um einige Strohhalme aus der Krippe. An einem Halm war sogar noch eine ganze Ähre mit Körnern. Stroh und Ähre verwahrte er ganz sorgfältig in einem Kästchen.

Es war schon fast wieder Tag. Der Himmel wurde heller und die vielen Sterne verloren immer mehr an Kraft. Nur der große Stern, der ihnen den Weg gezeigt hatte, leuchtete noch kräftig, als wolle er das Wunder der Nacht in den Tag hineinstrahlen lassen. Schweigend traten die Könige vor die Hütte. Schweigend umarmten sie sich und schweigend nahmen sie Abschied voneinander. Dann gingen sie auseinander jeder in sein Land: Der eine nach Osten, der andere nach Süden und der dritte nach Westen. Sie waren erfüllt von dem, was sie gesehen und gehört hatten und freuten sich darauf, zu Hause erzählen zu können. Der König des Ostens ritt auf einem schwarzen Pferd. Der König des Südens ritt auf einem Kamel und der König des Westens fuhr mit einem Schiff. So kamen sie alle recht schnell zu Hause an. Wem sie unterwegs begegneten, erzählten sie von dem Wunder im Stall und zeigten ihre Schätze.

Der König des Ostens zeigte das Wasser, der König des Südens zeigte die Erde und der König des Westens die Ähre mit den Körnern.

Doch welch ein Erschrecken, als sie zu Hause ankamen! In allen Ländern warteten die Menschen. Sie waren traurig und lebten in Angst. Das Land im Osten war nach einem großen Unwetter überschwemmt worden. Deiche waren gebrochen, Felder und Äcker überflutet, nichts konnte wachsen. Die Menschen hungerten und waren ohne Hoffnung. Ohne feste Erde und ohne Saatgut konnten sie nicht leben.

Das Land im Süden litt seit Jahren unter einer großen Dürre. Kein Regen war gefallen. Die Erde war verkrustet und trocken. Nichts konnte mehr wachsen. Die Menschen hungerten und verzweifelten. Ohne Wasser war alles aussichtslos und umsonst. Das Land im Westen war durch ein großes Erdbeben zerstört worden. Die Lebensmittel wurden immer knapper und die Menschen begannen, sich um ein Stück Brot zu schlagen. Ohne Hilfe von außen waren sie verloren.

Da waren also die drei Könige nach langer Zeit endlich wieder zu Hause und wollten von der Geburt des Erlösers erzählen und nun diese Schreckensmeldungen. Verzweifelt standen sie da, der König im Osten vor der Überschwemmung; der König im Süden vor der Dürre und der König des Westens vor den Trümmern in seinem Land. Geblieben war ein Beutel Erde, eine Ähre und ein Fläschchen mit Wasser. Mehr nicht. Keinen Gott, keine Hilfe, keinen Engel und kein Kind, nicht einmal einen Stern am Himmel konnten sie wahrnehmen.

Als sie so traurig da standen, schauten sie fast gleichzeitig zum Himmel. Da war er! Da war er wieder – der große Stern! Der Stern, der ihnen schon einmal den Weg zum Kind und zu seinen Eltern gezeigt hatte, leuchtete in der Dunkelheit auf. Das musste ein Zeichen sein, ein Zeichen Gottes, der ihnen helfen wollte.

Schnell packten sie ihre Reisetaschen. Sie vergaßen nicht die Erde, das Wasser und die Ähre. Der König im Osten nahm das schnellste Pferd seines Landes; der König im Süden das schnellste Kamel. Der König im Westen bestieg das schnellste Schiff. Und so war es kein Wunder, dass sie nach wenigen Tagen der Reise mit Hilfe des Sterns aufeinander trafen. Aber da war kein Stall, kein Kind und da waren keine Eltern. Da waren nur sie. Betreten schauten sie sich an. Jeder holte aus seiner Tasche, was er damals mitgenommen hatte aus dem Stall von Bethlehem. Der König des Ostens das Wasser, der König des Südens die Erde und der König des Westens die Ähre. Sie legten ihre Schätze nebeneinander. Jeder erzählte vom Unglück in seinem Land: von der Überschwemmung, von der Dürre, vom Erdbeben. Und jeder erzählte, was seinem Volk dringend fehlte. Und als sie so beisammen saßen um Erde, Wasser und Körner, da gingen ihnen die Augen auf. Sie erkannten, wenn wir alles zusammenlegen, dann kann Weizen wachsen, Brot für die Menschen in allen Ländern. Wir müssen nur teilen, was wir haben. Wir müssen nur die Grenzen öffnen, teilen und zusammenlegen. Wenn wir miteinander teilen, was wir haben, dann reicht das Brot eines Tages für die ganze Welt. Sie umarmten sich und nahmen Abschied. Zu Hause angekommen, gaben sie den Soldaten Befehl: Öffnet die Grenzen; teilt, was ihr habt; gebt ab, was anderen fehlt! Und so teilten die Völker des Südens, des Westens und des Ostens, was sie hatten. Kein Mensch musste vor Hunger sterben. »Danke, guter Gott«, sagten alle Menschen im Osten, Süden und Westen. »Danke, dass das Kind in der Krippe unseren Königen einen Weg gezeigt hat aus dem Elend.« Und sie feierten alle miteinander ein großes Fest, so kunterbunt, wie bis dahin auf der Erde nie gefeiert worden war.

Und die Könige sandten Boten aus dem Land des Ostens, aus dem Land des Südens und aus dem Land des Westens zum König des Nordens. Den Boten gaben sie als Zeichen des Wunders Erde, Wasser und eine Ähre mit. Der Stern begleitete die Boten auch in das Reich des Nordens. Die Boten erzählten auch im Land des Nordens vom Kind in der Krippe, vom Heiland der Welt, von den Engeln, vom Frieden und von dem Wunder, das sie selbst erlebt hatten. Und so erreichte die wunderbare Nachricht von der Geburt des Erlösers auch unser Land.

Heriburg Laarmann

29. Warum der Grossvater den Fernsehkrimi versäumte

Hinführung: An Weihnachten feiern wir, dass in Jesus einer kam, Frieden auf die Erde zu bringen. Manchmal gelingt das sogar mitten in einem furchtbaren Krieg.

Vorlesedauer ca. 10 Minuten..

»Eine Geschichte wollt ihr also hören«, sagte der Großvater, als sie mit dem Essen fertig waren.

»Ja«, sagte Peter »aber eine wahre Geschichte, bitte!«

»Eigentlich wollte ich mir den Krimi im Fernsehen anschauen«, sagte der Großvater, »aber ihr sollt eure Geschichte bekommen.«

»Ist sie wahr?«, fragte Peter.

»Mein Ehrenwort«, sagte der Großvater und begann:

»Ich erinnere mich noch genau an einen Heiligen Abend in jenem ekelhaft kalten Winter in Russland. Es fiel kaum ein Schuss, denn auch die Russen feierten Weihnachten und auf beiden Seiten der Front wollten die Soldaten wenigstens an diesem Tag Frieden haben. Wir saßen dichtgedrängt in einer Bauernhütte und sangen Weihnachtslieder. Einer spielte auf dem Akkordeon dazu. Wir fühlten uns alle sehr wohl, weil mitten in der Stube ein großer Kachelofen stand. Der machte so warm, dass man sogar die Pullover ausziehen konnte. Die ganze Hütte roch nach unserem Schweiß, denn wir waren ja schon viele Tage nicht aus unseren Kleidern herausgekommen.«

»Aber Opa!«, rief die Mutter aus der Küche, »erzähle ihnen doch nicht solche Sachen!«

»Warum denn nicht?«, antwortete der Großvater. »Sie sollen ruhig wissen, dass es auch solche elenden Zeiten gab, in denen die Menschen schlimmer dran waren als die Tiere.« »Weiter«, sagte Peter. »Ist es am Heiligen Abend passiert?«

»Nein«, sagte der Großvater. »Erst zwei Tage später, am zweiten

Weihnachtsfeiertag. Das Dorf, in dem wir uns aufhielten, war halb zerschossen und lag nahe an einem Wald. Von den Häusern konnte man nur die verschneiten Dächer sehen, denn es hatte so geschneit, dass es morgens in den Hütten finster war. Der Schnee lag in hohen Wehen bis über die Fenster. Wir mussten sie freischaufeln, wenn wir etwas sehen wollten.

Am Mittag des zweiten Weihnachtsfeiertages beobachtete ich mit ein paar Kameraden den Waldrand von einem Hügel aus. Wir versteckten uns hinter einem Gebüsch. Dort konnten uns die Russen nicht sehen.

»Waren sie im Wald?«, fragte Peter.

»Dass sie im Wald waren, wussten wir«, antwortete der Großvater. »Aber dieser Wald war riesengroß. Wir wussten nicht, ob sie erst mittendrin oder schon nahe am Waldrand waren. Wir wussten auch nicht, ob sie überhaupt zu unserem Dorf kommen würden. Hinter dem Gebüsch stapften wir im tiefen Schnee hin und her, um uns warm zu halten. Bis zur Brust sanken wir ein. Nach einer Stunde wurde der Himmel gelblich-grau und ein Schneesturm begann, wie ich noch keinen erlebt hatte.«

»Was ist ein Schneesturm?«, fragte Annette.

»Es schneit und stürmt zugleich«, erklärte der Großvater. »In den Lüften heult es so laut, dass man einander kaum verstehen kann, und versucht man zu rufen, so trägt der Sturm den Schall fort. Man sieht vor Schnee keine zwei Meter weit. Die Flocken wirbeln um einen herum und werden zu kleinen scharfen Eisnadeln, die einem ins Gesicht peitschen. Eisig fährt einem der Sturm in die Kleider hinein. Und alle Spuren sind im Nu verschwunden. So kam es, dass ich mich verirrte, als ich ins Dorf gehen sollte, um dort für meine Kameraden Essen zu holen.«

Die Kinder sahen den Großvater erschrocken an.

»Ja,« sagte der Großvater, »das hört sich merkwürdig an. Der Weg vom Hügel bis zum Dorf war zu Fuß keine fünf Minuten weit und trotzdem verirrte ich mich, denn ich sah nichts als Schnee und hörte nur den

Sturm heulen. Ein paar Mal wechselte ich die Richtung. Ich rief auch laut. Aber das half alles nichts. Ich fand kein Haus und niemand hörte mich. Ich ging und ging. Nach einer Zeit stieß ich an eine Fichte. Nach drei oder vier Schritten stand ich wieder vor einer Fichte. Ich merkte, dass ich in den Wald geraten war. Ich wollte schleunigst umkehren, denn im Wald waren ja die Russen. Aber ich fand nun nicht mehr heraus. Es war wie verhext. Ich bildete mir ein, zum Dorf zurückzugehen, aber in Wirklichkeit geriet ich immer tiefer in den Wald.«

»Ich hätte geschaut, wo die Sonne steht«, sagte Peter.

»Wenn ich das gekonnt hätte, wäre es einfach gewesen, zurückzufinden«, sagte der Großvater. »Aber die Sonne war ja nicht zu sehen. Es war gleichmäßig dämmrig, wohin ich auch schaute. Und bis zur Hüfte watete ich im Schnee! Deshalb kam ich nur mühsam vorwärts. Das Gewehr musste ich auch schleppen. Ich war müde, halb erfroren und ganz verzweifelt. Ich fürchtete schon, ich würde hier mitten im Wald erfrieren, denn viel Kraft zum Weiterlaufen hatte ich nicht mehr. Nun war ich schon über eine Stunde gewandert, und nichts als Bäume!

Plötzlich tauchte aus dem Schneegestöber vor mir ein Mensch auf, ein Mann. Wir stießen fast zusammen. Es war wirklich ein großer Zufall, dass wir in diesem großen Wald aneinander gerieten. Er winkte und schrie etwas, aber ich konnte nichts verstehen. Ich war vor Freude ganz außer mir. Ich stolperte auf ihn zu und umarmte ihn. Er war genauso müde wie ich, das sah man ihm an. Er keuchte. Aber er freute sich auch mächtig, dass er mich getroffen hatte. Na, dann standen wir erst mal, bis zum Bauch im Schnee, und hielten uns aneinander fest. Dann zeigte er in irgendeine Richtung und begann etwas zu erklären und zu erzählen, aber ich verstand nichts, denn es war Russisch. Da merkte ich, dass ich einen Feind vor mir hatte.«

»Hat er geschossen?«, fragte Peter aufgeregt.

»Nein«, sagte der Großvater. »Obwohl er nun auch merkte, dass ich ein Deutscher war. Wir waren beide so verblüfft, dass wir nur dastanden und uns anstarrten.«

»Du hättest ›Hände hoch!‹ sagen müssen!«, rief Peter.

»Unsinn«, sagte der Großvater. »Was hätte ich denn mitten im Schneesturm, irgendwo im Wald und starr vor Kälte, mit einem Gefangenen machen sollen? Das Allerwichtigste war im Augenblick für uns beide, den Schneesturm zu überstehen. Das begriff er so gut wie ich. Wir erkannten auch, dass es keinen Zweck hatte, weiterzustapfen. Wir mussten abwarten und dafür sorgen, dass wir nicht erfroren. Der Russe schlug mir mit der Hand auf die Schulter und grinste. Das sollte wohl Frieden bedeuten. Ich zeigte auf eine Fichte neben uns, deren Zweige wie ein Schirm in den Schnee hinabhingen. Wir krochen beide darunter und scharrten uns eine Höhle, ein Schneeloch. Unsere Gewehre legten wir nebeneinander in den Schnee. Dann kauerten wir ganz eng aneinander, Schulter an Schulter. So konnte einer den anderen wärmen. Ich hatte noch sechs Zigaretten, aber keine Streichhölzer bei mir. Ich gab ihm drei davon ab. Er hatte eine Schachtel Streichhölzer. Er gab mir Feuer. Wir rauchten eine Zigarette. Danach hatten wir wieder mehr Mut. Wir konnten nicht miteinander reden, aber das war auch gar nicht nötig. Er hatte eine Feldflasche bei sich, in der war noch ein Rest Wodka. Das ist ein Getränk, das einen wärmt. Abwechselnd tranken wir einen Schluck daraus, bis die Flasche leer war. Er zeigte mir auch ein Foto von seiner Frau und seinen zwei kleinen Töchtern. Die eine war noch ein Baby. Er strich ein Streichholz an, damit ich das Foto besser sehen konnte, denn in unserer Höhle war es fast dunkel. Dann zeigte ich ihm das Foto von eurer Großmutter und eurem Vater.«

»War es das Foto, das du jetzt noch immer auf deinem Schreibtisch stehen hast?«, fragte Annette. »Das, wo Vati in einer Strampelhose auf Großmutters Arm sitzt?«

»Ja«, sagte der Großvater. »Genau das. Der Russe strich auch für dieses Foto ein Streichholz an ...«

»Und was habt ihr danach gemacht?«, fragte Peter.

»Geschlafen«, sagte der Großvater. »Wir lehnten Köpfe und Schultern aneinander und schliefen. Wir schliefen den Rest des Nachmittags und die ganze Nacht. Gegen Morgen hörte der Sturm auf. Die Schneewolken zogen fort. Durch das Eingangsloch sah ich, als ich erwachte, die Sterne glitzern. Sobald die Sonne aufging, konnten wir erkennen, wo Osten und Westen war. Ich sah, in welche Richtung ich gehen musste, um zu meinen Kameraden zu kommen. Wir krochen aus dem Loch heraus, der Russe und ich, wühlten unsere Gewehre aus dem Schnee, umarmten uns und stapften davon. Ich hierhin, er dorthin. Von weitem winkten wir uns noch einmal zu.

Als ich ins Dorf zurückkam, gab es ein Hallo. Alle hatten gedacht, ich läge irgendwo erfroren im Schnee. Ich erzählte ihnen aber nichts von dem Russen. Denn vielleicht hätten sie mir Vorwürfe gemacht, dass ich ihn nicht erschossen habe. Aber als ich ihn traf, wollte ich ihn nicht erschießen, weil ich ohne ihn erfroren wäre. Und als ich mich wieder von ihm trennte, wollte ich ihn erst recht nicht umbringen, denn inzwischen war er so etwas wie mein Freund geworden. Deshalb war ich lieber still. Verrückt, was?«

Peter überlegte eine Weile, dann sagte er: »Schuld haben die, die auf beiden Seiten den Befehl zum Krieg geben. Man sollte die mal eine Nacht lang zusammen in eine Schneehöhle stecken, bei einem solchen Wetter wie damals. Dann würden sie sich's anders überlegen.« »Keine schlechte Idee«, sagte der Großvater.

»Und jetzt hast du deinen Krimi verpasst!«, rief die Mutter herüber. »Macht nichts«, sagte der Großvater. »Macht gar nichts.«

Gudrun Pausewang

30. Die Legende vom Räuber Titus

Hinführung: In Legenden, die immer einen wahren Kern haben, werden auch dem Jesuskind gerne weissagende Worte in den Mund gelegt, wie zum Beispiel in der folgenden:
Vorlesedauer ca. 2 Minuten.

Auf dem Weg nach Ägypten
kommen Josef und Maria
in eine einsame Gegend.
Räuber gibt es hier, Überfälle.
Die Gegend ist gefährlich.
Josef spricht zu Maria:
»Wir warten, bis es Nacht wird.
Dann ziehen wir hier durch.
Bei Nacht ist es nicht so gefährlich.«
Aber unterwegs
in der Nacht
an der Straße:
viele Räuber, eine Bande von Räubern.
Sie schlafen.
Zwei aber schlafen nicht:
Titus und Dumachus.
Sie sehen Maria und Josef kommen.
Sie sehen das Kind.
Sie treten ihnen in den Weg.
Da sagt Titus zu Dumachus:
»Ich bitte dich,
lass diese in Frieden weiterziehen,
heimlich,
dass keiner von den andern es merkt.«
»Nein«, sagt der Räuber Dumachus,

»das werde ich nicht tun.
Sie sind unsere Gefangenen.«
Titus spricht:
»Ich gebe dir vierzig Drachmen.
Du magst sie behalten,
wenn diese hier weiterziehen.«
Und Titus nimmt seinen Gürtel ab.
Er reicht Dumachus den Gürtel:
»Da! Nimm!
Aber sei ruhig!
Kein Wort aus deinem Mund!«
Als das Maria sieht,
dass einer Gutes tun will an ihnen,
einer der Räuber,
da spricht sie:
»Gott wird mit dir sein, Titus.
Gott nimmt deine Sünde von dir.«
Und Jesus,
das Kind, der Herr,
Jesus spricht zu Maria, seiner Mutter:
»Dreißig Jahre, dann kreuzigt man mich.
Dann werde ich getötet.
In Jerusalem.
Und diese zwei,
die werden mitgekreuzigt:
Titus zu meiner Rechten,
Dumachus zu meiner Linken.
Und Titus, der gute Räuber,
er wird bei Gott sein.
Er wird mir vorangehen
in Gottes Himmelreich
– an jenem Tag.«

30. Die Legende vom Räuber Titus

Da spricht Maria zu Jesus, dem Kind:
»Das nicht!
Davor bewahre dich Gott,
mein Sohn.«
Und sie ziehen weiter,
Maria und Josef mit dem Kind.
Unbehelligt.
Keiner hält sie mehr auf.
Auch Dumachus nicht.

Dietrich Steinwede

Weitere geeignete Geschichten:

Die Nummern 1 – 3, 5, 7 – 11, 32, 35 – 37, 40, 41, 44, 45, 47 – 49, 51, 55, 56, 60.

31. Janine feiert Weihnachten

Hinführung: Eine Weihnachtsgeschichte aus der Schweiz möchte ich vorlesen, aber sie hat überhaupt nicht an Weihnachten stattgefunden.

Vorlesedauer ca. 6 Minuten.

Wann ist Weihnachten? Man sagt, am 24. Dezember, am 25. vielleicht. Das habe ich auch immer geglaubt, bis jene Geschichte passierte, die ich jetzt erzählen möchte. Seither bin ich nicht mehr so sicher.

Die Geschichte nahm ihren Anfang im Sommer des Jahres 1958 in einem kleinen Juradorf. Das Juradorf war wirklich sehr klein – ein paar Häuser, ein Bäcker, zwei, drei Wirtschaften, eine kleine Schule, eine Kirche und ein paar Familien über die Hänge verstreut. Eine dieser Familien bestand aus einem jungen Ehepaar und einem achtjährigen Mädchen, nennen wir es Janine.

Janine war ein fröhliches Mädchen, aber in diesem Sommer begann es zu kränkeln. Es wurde apathisch, es war immer müde, es nahm nicht mehr an den Spielen seiner Gefährtinnen teil; es begann Kopfweh zu haben, es wollte morgens nicht mehr aufstehen; es war krank. Zuerst schien die Sache nicht sehr besorgniserregend; aber nachdem Janine immer mehr zu klagen begann, ging die Mutter zum Arzt des nächsten größeren Dorfes. Der Arzt untersuchte sie und kam der Krankheit nicht auf die Spur.

So fuhr die Mutter denn eines Tages im September nach Basel und ließ Janine von einem berühmten Professor an der Universitätsklinik untersuchen. Der Bescheid, den Janines Mutter bekam, war erschreckend. Janine hatte Leukämie, eine Blutkrankheit, die damals binnen kurzer Zeit zum sicheren Tode führte. Der Professor gab Janine höchstens noch zwei Monate zu leben. Die Mutter war verzweifelt. Sie beschwor den berühmten Arzt, sie bat ihn, sie fragte, was sie tun könne, und dem berühmten Arzt blieb nichts übrig, als ihr zu sagen, das Einzige, was sie für Janine noch unternehmen könne, sei, ihr die letzten Wochen ihres Lebens so schön wie immer möglich zu machen.

Janines Eltern waren nicht reich, aber es ging ihnen nicht schlecht und sie beschlossen, für Janine zu tun, was immer nur zu tun sei: mit ihr zu reisen, ihr die Schweiz zu zeigen, die Welt zu zeigen; sie mit Geschenken zu überschütten.

Aber Janine wollte von alldem nichts wissen. Sie wollte nicht reisen, sie wollte keine Geschenke haben. Sie hatte nur einen einzigen Wunsch und das war: Weihnachten zu feiern. Sie wollte Weihnachten haben, und zwar wunderschöne Weihnachten, wie sie sich ausdrückte; Weihnachten mit allem, was Weihnachten zu Weihnachten macht. Das war der einzige Wunsch, der Janine nicht zu erfüllen war.

Der Dezember rückte näher, der Vater wurde immer verzweifelter und in seiner Verzweiflung vertraute er sich einem Freund, nämlich dem Lehrer des Dorfes, an. Zusammen kamen die Männer auf eine Idee. Der Vater ging nach Hause; mit gespielter Begeisterung erzählte er Janine, dass Weihnachten ausnahmsweise in diesem Jahre früher stattfinden werde, und zwar bereits am 2. Dezember.

Janine war ein gescheites Kind und glaubte die Geschichte zunächst nicht; das heißt, sie hätte sie gerne geglaubt, aber sie konnte das gar nicht fassen. Nun, der Vater sagte, mit Ostern sei es ja auch so und genauso sei es nun eben einmal mit Weihnachten. Die Idee schien dem Vater sehr gut; er hatte nur etwas dabei vergessen: Weihnachten ist ein Fest, das man nicht alleine feiern kann. Zu Weihnachten gehören die Weihnachtsvorbereitungen, das Packen der Paketchen, der Geschenke. Zu Weihnachten gehört als Vorbereitung, dass in den Geschäften die Geschenke ausgestellt sind, dass die Christbäume auf dem Dorfplatz aufgerichtet werden. Zu Weihnachten gehört die ganze Zeit vor Weihnachten und zu Weihnachten gehört vor allem, dass alle es feiern.

Der Nächste im Dorf, der ins Vertrauen gezogen wurde, war der Bäcker. Und der Bäcker beschloss, seine Lebkuchenherzen dieses Jahr schon früher zu backen. Er beschloss auch, sein berühmtes Schokoladenschiff, das er jedes Jahr ausstellte, dieses Jahr schon früher ins Fenster zu stellen und aus den Schloten des Schiffes die Watte dampfen zu lassen. Und nun begannen die anderen Geschäftsleute des Dorfes, die sich zunächst gesträubt hatten – denn Weihnachten ist für Geschäftsleute nicht nur ein Fest, sondern eben auch ein Geschäft –, die Leute, die sich zunächst gesträubt hatten, begannen auch, ihre Weihnachtsvorbereitungen zu treffen.

Der Plan setzte sich immer fester in den Köpfen der Leute des kleinen Juradorfes. In der Schule wurde gebastelt; im Kindergarten wurde gebastelt; den Kindern wurde eingeschärft, dass Weihnachten dieses Jahr früher sei als in anderen Jahren, und es wurde überall gemalt, gebacken. Die Hausfrauen machten mit; die Väter gingen auf den Dachboden, holten die Lokomotiven und die Eisenbähnchen und begannen, sie neu zu bemalen oder auszubessern; die Puppen wurden in die Puppenklinik gebracht. In dem kleinen Dorf setzten schon Mitte November ganz große Weihnachtsvorbereitungen ein. Der letzte Widerspruch, der zu überwinden war, war der des Pfarrers; konnte er denn die ganze Weihnachtsliturgie vorwegnehmen? Er konnte es. Er setzte Weihnachten für den 2. Dezember fest.

Der 2. Dezember kam und es wurde ein wundervolles Weihnachten für Janine, ein Weihnachtsfest wie in anderen Jahren. Die Sternsinger kamen, verteilten Lebkuchen, ihre Nüsse, ihre Birnen und sogar aus dem Radio kam weihnachtliche Musik, kam »O du fröhliche«, kamen die Schweizer Weihnachtslieder; und daran war nicht das Radio schuld, daran war ein kleiner Elektriker im Dorf schuld, der eine direkte Leitung in das Haus Janines gelegt hatte und vom Nebenhaus her Platten abspielte, deren Musik nun direkt aus dem Lautsprecher kam.

31. Janine feiert Weihnachten

Es war ein wundervolles Weihnachtsfest. Zwei Tage später starb Janine. Am 24. Dezember 1958 wurde in diesem kleinen Juradorf nicht mehr Weihnachten gefeiert.

Werner Wollenberger

32. Hilfe, die Herdmanns kommen

Hinweis: Je nachdem, welch eine chaotische Klasse einem beschert ist, hat die Lehrperson bereits schlechte Karten, wenn sie eine Geschichte ganz vorlesen und zugleich die Klasse im Auge behalten will. Gelingt es, einige SchülerInnen für eine Sprechrolle zu gewinnen, ist das schon die halbe Miete. – Die Geschichte hat Überlänge. Aber sie ist faszinierend und kaum einer kann sich ihrer Wirkung entziehen ...

Hinführung: Das Verhalten sozial schwacher Kinder lässt uns oft innerlich den Kopf schütteln. Wir hören von so einer Familie und die Überschrift der Geschichte verspricht nicht zu viel: »Hilfe, die Herdmanns kommen!«

Vorlesedauer ca. 14 Minuten.

Personen: Erz. = ErzählerIn, Mutter, Eugenia, Ralf, Klaus, Leopold, Olli, Hedwig.

Erz.: Ich muss euch von den Herdmanns-Kindern erzählen. Sie logen und klauten, rauchten Zigarren – auch die Mädchen – und bei ihren Witzen fielen uns die Ohren ab. Die sechs mageren, dünnhaarigen Kinder hießen Ralf, Eugenia, Leopold, Klaus, Olli und Hedwig. Sie unterschieden sich nur dadurch voneinander, dass sie verschieden groß waren und an verschiedenen Stellen blaue Flecke aufwiesen, die sie sich gegenseitig beigebracht hatten.

Sie wohnten über einer Garage im Westend. Die Garage selbst wurde nicht mehr genutzt; nur die Herdmanns donnerten die Türen auf und zu, so schnell sie konnten, und versuchten sich dabei, gegenseitig einzuquetschen. Auf einem Schild im Hof stand: »Vorsicht, bissige Katze!« Darüber konnte einer nur so lange lachen, bis er sie zu Gesicht bekam. Sie sah bösartig aus, hatte ein kurzes Bein, einen gebrochenen Schwanz und nur ein Auge. Sie war der Grund, warum der Briefträger sich weigerte, den Herdmanns Post zu bringen.

Als wir Anfang Dezember das Krippenspiel einübten, waren die Herdmanns zum ersten Mal dabei, weil der kleine Charlie ihnen erzählt hatte, es gäbe hier Süßigkeiten umsonst. Zuerst wurden wie immer die Rollen verteilt. Zum Entsetzen aller meldete sich Eugenia Herdmann für die Rolle der Maria.

Eugenia: Ich will die Maria sein!

Erz.: Sie schaute wild und schrecklich umher, dann über ihre Schulter nach hinten.

Eugenia: Und Ralf möchte Josef sein!

Erz.: Mutter starrte sie nur an. Das fing ja gut an! Sie konnte das Ganze noch nicht fassen ... Auch für die Weisen aus dem Morgenland meldete sich niemand außer Leopold, Klaus und Olli Herdmann. Da hatte meine Mutter ein Krippenspiel am Hals mit lauter Herdmanns in den Hauptrollen. Eine Hauptrolle war noch übrig. Na klar, Hedwig spielte den Verkündigungsengel. Die Proben verliefen ganz anders als in den Vorjahren. Wir anderen waren sofort ruhig und setzten uns gleich hin, um nichts von dem zu verpassen, was die Herdmanns wieder Schreckliches anstellen würden. Sie kamen zehn Minuten zu spät und schlenderten dann in den Raum wie eine Bande Geächteter, die vorhat, einen Saloon leer zu schießen. Aber Mutter hatte gesagt, sie werde alles durchgehen lassen, so lange kein Blut fließt. Mutter sagte freundlich:

Mutter: Hier kommt Familie Herdmann. Wir freuen uns, euch alle hier zu sehen.

Erz.: Das war sicher eine der dicksten Lügen, die je in einer Kirche laut ausgesprochen wurden. – Eugenia zeigte ihr Herdmann-Lächeln – wie wir es nannten; es war dreckig und gemein. Dann saßen sie da, in unseren Augen fast Kriminelle, und die sollten jetzt das Edelste und Schönste darstellen, das es gab!

Mutter fing an, die Kinder in Hirten und Engel einzuteilen. Leopold rief dazwischen:

Leopold: Wer waren denn die Hirten? Wo kamen die denn her?

Erz.: Die Herdmanns wussten also nicht einmal, was Hirten sind. Klaus fragte:

Klaus: Was ist eigentlich eine Herberge?

Erz.: So was Ähnliches wie ein Hotel, erklärte jemand. Wo Leute übernachten können. – Die Herdmanns wussten nicht das Geringste von der Weihnachtsgeschichte, darum meinte Mutter, es sei wohl das Beste, sie zuerst einmal vorzulesen. O wie langweilig! Wir kannten die ganze Geschichte vorwärts und rückwärts. Als Mutter vorlas, dass kein Platz in der Herberge frei war, fiel Eugenia die Kinnlade herunter. Sie sprang auf und rief:

Eugenia (wütend): Verdammt! Nicht mal für Jesus?

Ralf: Sie haben gesagt, Maria wusste, dass es Jesus sei. Warum hat sie es denn nicht gesagt?

Eugenia (aufgebracht): Ich hätt's ihnen gesagt! Mann, hätt' ich's vielleicht gesagt! Was war denn mit Josef los? Warum hat der's nicht gesagt? Dass sie schwanger war und das alles?

Leopold: Wie hieß es noch, wo sie das Baby reingelegt haben? Diese, diese Krippe, ist das so eine Art Bett? Warum hatten die denn ein Bett im Stall?

Mutter: Das ist es ja gerade: Sie hatten eben kein Bett im Stall. Also mussten Maria und Josef das nehmen, was sie dort vorfanden. Was würdest du denn tun, wenn du ein kleines Baby hättest und kein Bett, um es hineinzulegen?

Eugenia: Wir haben Hedwig in eine Schreibtischschublade gelegt.

Erz.: Mutter zuckte ein bisschen zusammen.

Mutter: Siehst du, ihr habt kein Bett für Hedwig gehabt und habt deshalb auch etwas anderes nehmen müssen.

Ralf: Och, wir hatten schon eins, aber Olli war noch drin und wollte nicht raus. Er mochte Hedwig nicht.

Mutter: Wie dem auch sei. Maria und Josef nahmen also die Krippe, das ist ein hölzerner Futtertrog für Tiere.

Klaus: Was waren denn die Bindeln?

Mutter: Die was?

Klaus: Sie haben doch vorgelesen: sie wickelten ihn in Bindeln.

Mutter: Ach, Windeln!! Früher hat man die Babys fest in große Tücher eingewickelt, so dass sie nicht herumstrampeln konnten. Aber die fühlten sich dabei behaglich und geborgen.

Eugenia (aufgeregt): Was, sie banden es zusammen und steckten es in eine Futterkiste? Wo bleibt denn da die Jugendfürsorge?

Erz.: Ja, das stimmte. Die Jugendfürsorge kümmerte sich immer um die Herdmanns. Wenn die jemals Hedwig zusammengebunden in einer Schreibtischschublade entdeckt hätten! Aber Mutter fuhr fort:

Mutter: Und siehe: des Herrn Engel trat zu ihnen und die Klarheit des Herrn leuchtete um sie und ...

Hedwig (erregt aufspringend): Batman!

Erz.: Hedwig warf dabei die Arme auseinander und ohrfeigte das Kind neben sich.

Mutter: Wie bitte?

Erz.: Mutter las nie Comic-Hefte.

Hedwig: Aus dem Dunkel der Nacht erschien Batmann, der Rächer der Entrechteten ...

Mutter: Ich weiß nicht, wovon du sprichst, Hedwig. Das ist der Engel des Herrn, der zu den Hirten auf das Feld kommt.

Hedwig (leise, geheimnisvoll): Aus dem Nichts? Aus dem geheimnisvollen Dunkel der Nacht, ja?

Erz.: Mutter sah etwas unglücklich aus.

Mutter: Na, ja. Gewissermaßen.

Erz.: Hedwig aber sah sehr zufrieden aus. Das war endlich ein Teil der Weihnachtsgeschichte, den sie verstand.

Mutter (liest): Da Jesus geboren war zu Bethlehem im jüdischen Land, kamen die Weisen aus dem Morgenland gen Jerusalem und sprachen ...

Ralf: Das bist du Leopold. Und Klaus und Olli. Passt gefälligst auf!

Olli: Was bedeutet »Weisen«? Waren sie so etwas wie Lehrer?

Klaus: Nein, du Quatschkopf. Das ist so etwas Ähnliches wie der Präsident der Vereinigten Staaten.

Mutter: Du bist schon ganz nahe dran, Klaus. Tatsächlich waren es Könige.

Eugenia: Jetzt aber weiter. Wahrscheinlich werden die Könige dem Wirt gründlich die Meinung sagen und das Kind aus dem Trog holen.

Mutter (liest): Sie fanden das Kindlein mit Maria, seiner Mutter, und fielen nieder und beteten es an, taten ihre Schätze auf und schenkten ihm Gold, Weihrauch und Myrrhe.

Leopold: Was ist das für ein Zeug?

Mutter: Kostbare Öle und wohlriechende Harze.

Eugenia (schreit): Öl! Was für ein schäbiger König bringt denn Öl als Geschenk mit? Da kriegt man ja bei der Feuerwehr bessere Geschenke.

Erz.: Manchmal bekommen die Herdmanns Weihnachtsgeschenke auf dem Feuerwehrfest ... Für die Herdmanns kam die Weihnachtsgeschichte direkt aus den Polizeiakten des FBI – so gingen sie mit. Sie wollten auch, dass jemand den Herodes spielte, damit sie ihn verprügeln konnten. Sie wünschten ihm ein blutiges Ende, nannten die Heiligen Drei Könige eine Bande schmutziger Spione und diskutierten nach der ersten Probe darüber, ob Josef die Herberge hätte anzünden oder nur den Gastwirt über die Grenze jagen sollen. Eugenia hatte keine Ahnung davon, dass sie Maria ruhig und fromm darstellen musste; sie spielte sie laut und herrisch – eher wie die Signora Santoro von der Pizza-Stube, die laut und temperamentvoll ihre neun Kinder umarmte und mit sich herumschleppte. Sie schrie Ralf an, der den Josef spielte:

Eugenia (schreit): Geh vom Baby weg!

Erz.: Sie ließ auch die Heiligen Drei Könige nicht zu nahe herankommen. – Mutter erklärte zum zehnten Mal:

Mutter: Die Könige wollen dem Christkind huldigen! Sie wollen ihm nichts tun, Gott behüte!

Erz.: Aber Eugenia blieb dabei. Und so wie die drei Könige aussahen, hatte man auch das Gefühl, dass sie aufs Schnellste zu Herodes zurückkehren würden, um das Baby zu verraten – aus lauter Bosheit. Schließlich kam der Heilige Abend mit dem Krippenspiel in der vollbesetzten Kirche. Wir sangen als Engelchor zwei Verse von »Zu Bethlehem im Stalle« und sollten dann noch ein wenig weitersummen, während Maria und Josef durch die Seitentür hereinkamen. Nur – sie kamen nicht. Also summten wir und summten und summten, aber bald klang es eher wie ein alter Kühlschrank. Schließlich traten sie auf. Sie waren nur deshalb nicht so schnell durch die Tür gekommen, weil sie sich gegenseitig aus dem Weg schubsten. Sie sahen aus – ungepflegt und nicht sauber – wie Flüchtlinge in der Tagesschau. Plötzlich wurde mir klar, dass es der echten heiligen Familie genauso ergangen sein musste – einquartiert in einen Stall. Eugenias Schleier hing schief und Ralfs Haare standen nach allen Seiten ab. Eugenia wiegte die Babypuppe nicht in den Armen: sie hatte sie über die Schulter gelegt und, bevor sie sie in die Krippe legte, klopfte sie ihr zweimal auf den Rücken. Wir fanden es nicht sehr schön, den kleinen Jesus so zu klopfen, als ob er Bauchweh hätte. Während die Hirten mit ihren Hirtenstäben herumfuhrwerkten wie mit Hockeyschlägern, kam Hedwig hinter dem Engelchor hervor. Sie schubste die anderen aus dem Weg oder trat ihnen auf die Füße. Sie schrie:

Hedwig (schreiend): Heee! Euch ist ein Kind geboren!

Erz.: Es klang wirklich wie die beste Botschaft der Welt. Alle Hirten zitterten und fürchteten sich – vor Hedwig natürlich; aber jedenfalls wirkte es gut. Als sich schließlich alle umdrehten, um den Auftritt der Heiligen Drei Könige durch den Mittelgang nicht zu verpassen, stockte allen der Atem. Leopold schleppte etwas Schweres heran; von Gold, Weihrauch und Myrrhe war nichts zu sehen. Dann erkannten wir es: Es war ein Schinken. Ich wusste sofort, wo er herkam. Denn mein Vater war im Kirchenwohltätigkeitsverein und der verschenkte zu Weihnachten Essenskörbe.

Zuerst dachten wir, die Herdmanns würden das Krippenspiel verderben, aber nach und nach verstanden wir, dass sie es um vieles besser machten, indem sie einfach das taten, was ihnen logisch erschien; zum Beispiel dass sie das Baby auf den Rücken klopften und einen Schinken für ein besseres Geschenk hielten als eine ganze Menge parfümierter Öle.

Als wir schließlich »Stille Nacht, heilige Nacht« sangen, schaute ich zufällig zu Eugenia hin. Fast hätte ich mein Gesangbuch auf einen kleinen Engel fallen lassen. Jeder hatte die ganze Zeit darauf gewartet, dass die Herdmanns etwas absolut Unerwartetes tun würden. Und nun war es geschehen: Eugenia Herdmann – weinte. Im Kerzenlicht glänzte ihr ganzes Gesicht vor Tränen und sie machte nicht einmal den Versuch, sie wegzuwischen. Sie saß nur da – die schlimme, schreckliche Eugenia – und weinte und weinte und weinte.

Es war wirklich das beste Krippenspiel, das jemals bei uns aufgeführt wurde. Das sagte hinterher jeder, aber niemand schien zu wissen, warum es so war.

Was mich betrifft: Maria wird in Zukunft immer etwas von Eugenia Herdmann haben, ein bisschen unruhig und verwirrt, aber immer bereit, jeden zu verprügeln, der ihrem Baby zu nahe treten will. Die Heiligen Drei Könige werden für mich Leopold und seine Brüder sein, mit einem Schinken in der Hand. Und beim Verkündigungsengel werde ich immer an Hedwig mit ihren dünnen Beinen und ihrem schmutzigen Stiefeln denken müssen, die unter ihrem Kostüm hervorschauten; an Hedwig, die uns allen zurief: »Heee! Euch ist ein Kind geboren!«

Barbara Robinson

33. Papa, Charly hat gesagt

Hinführung: Jugendliche finden ihre Eltern oft nervend. Das gilt auch umgekehrt. Doch oft haben Jugendliche dabei die Fähigkeit, den Finger auf wunde Stellen in der Erwachsenenwelt zu legen. Das dürfen und sollen sie auch. Verfolgen wir das Zwiegespräch zwischen Vater und Sohn beim Schmücken des Weihnachtsbaumes.

Vorlesedauer ca. 8 Minuten.

Sohn: Papa, Charly hat gesagt, sein Vater hat gesagt, Schmölders wären auch so beknackte Weihnachts-Kitscher ...

Vater: Ich sage dir zum allerletzten Mal, dass ich deinen Jargon und die falsche Grammatik unerträglich finde!

Sohn: Was ist denn jetzt schon wieder?

Vater: Es heißt nicht »Schmölders wären«, sondern »Schmölders seien«!

Sohn: Also Charlys Vater hat gesagt, die Schmölders seien beknackte ...

Vater: Bitte! Wer sind überhaupt Schmölders?

Sohn: Schmölders wohnen in der vierten Etage über Charly. Sie stellen am 1. Advent einen Weihnachtsbaum auf ihren Balkon und lassen jeden Abend die elektrischen Kerzen brennen. Bis Punkt halb zehn.

Vater: Und was ist daran nun so fürchterlich? Hilf mir mal bitte, den Baum zu halten!

Sohn: Na, Charly sagt, er findet das kitschig mit den elektrischen Kerzen schon ab 1. Advent! Stefanie Schmölders muss Heiligabend auch immer ein Gedicht aufsagen. Und Opa Schmölders weint dann. Und dann spielen sie »Stille Nacht« auf der Platte. Und »Leise rieselt der Schnee« und »Heidschibumbeidschibumbum« mit Peter Alexander. Und das Gedicht muss sie im weißen Kleid aufsagen mit offenen Haaren. Wie ein Weihnachtsengel!

Vater: Also schön. Mein Geschmack ist das auch nicht. Aber so tolerant muss man schon sein, jeden nach seiner Façon an Weihnachten feiern zu lassen. Auch die Familie Schmölders!

Sohn: Aber die Schmölders haben ja angefangen zu meckern. Charly hat nur gesagt, er findet Stefanies Barbie-Puppen doof. Und er findet blöd, dass sie für 420 Mark Barbie-Puppengarderobe geschenkt kriegt. Und Engelhaar am Baum findet er auch blöd. Und Charly hat gesagt, sie hätten bei sich keinen Baum, weil es genug ist, wenn anderthalb Millionen Tannen abgehackt werden pro Jahr. Und darum haben sie nur'n Tannenstrauß mit kleinen Sternen dran. Und da hat Stefanies Mutter gesagt, Charlys Familie feiert ja Proleten-Weihnachten. Die hätten ja nicht mal 'nen Baum und könnten sich Geschenke nicht leisten. Und das wär bloß Neid.

Vater: Sei!!!

Sohn: Sei bloß Neid ...

Vater: Schön, schön, schön! Und wie feiern die progressiven Charlys nun Weihnachten? Singen die neben dem umweltfreundlichen Tannenstrauß die Internationale ab und überweisen das dreizehnte Monatsgehalt an hungernde Kinder in Indien?

Sohn: Nö, aber Charly hat gesagt, er findet das ganze Weihnachts-Brimborium und das fromme Getue scheinheilig. Und er hat gesagt, es stinkt ihm, dass die Leute immer sagen, das ist das Fest der Liebe und der Stern leuchtet über Bethlehem. Der leuchtet über Karstadt, sagt er, und das Beste an Weihnachten wär ...

Vater: Sei!!!

Sohn: ... sei, dass die Arbeitsämter ein paar Weihnachtsmänner vermitteln. Das bessert die Statistik im Dezember auf.

Vater: Das ist ja nun alles nicht so furchtbar neu! Die so genannte fortschrittliche Kritik am so genannten Konsum-Terror! Dass Charlys Vater seinen Arbeitsplatz der Tatsache verdankt, dass wir überhaupt Konsumgüter absetzen, vergisst er wohl dabei. Dieser vernünftige Charly mit seinem vernünftigen Vater! Was ist denn nun mit dem? Kriegt der vielleicht kein Weihnachtsgeschenk?

Sohn: Doch, Charly kriegt 'n Fahrrad.

Vater: Na, sieh mal an! Das kostet doch mindestens sechshundert Mark.

Sohn: Nee, sechshundertfünfzehn Mark. Aber da hat Charly ewig drauf gespart. Sechshundert Mark hatte er. Und zu Weihnachten schenken ihm seine Oma und die Eltern zusammen den Rest. Die Oma ist klasse, hundert Mark hat die Charly geschenkt. Nur die Theaterkarte, die sie ihm geschenkt hat, die hat Charlys Vater heimlich eingetauscht. Er hat gesagt, für das Geld kann Charly was Vernünftigeres machen. Weil: in den Weihnachtsgeschichten lassen die Dichter doch immer nur ein paar arme, kranke Kinder erfrieren, damit reiche Kinder daran erinnert werden, wie gut sie's haben. Und dann schenken die ein paar Spielsachen weg, die sie sowieso nicht mehr haben wollten. Das Gequatsche vom Fest der Liebe, sagt er, das steht immer nur in so Büchern und Theaterstücken.

Vater: Bist du jetzt fertig mit deiner Epistel?

Sohn: Eigentlich nicht, aber wenn du auch mal was sagen willst ...

Vater: Zu gütig! Also vielleicht darf ich wenigstens so viel anmerken, dass der Sinn von Weihnachten selbstverständlich nicht in den teuren Geschenken liegt, sondern in der Besinnung auf die Botschaft und Person des Religionsstifters Jesus, dessen Geburtstag man bekanntlich am 24. Dezember feiert. Und seit ein paar Jahrhunderten bemühen sich Christen aus aller Welt, das, was er gepredigt hat, auch zu beherzigen.

Sohn: Was hat er denn nu gepredigt?

Vater: Er hat die Liebe gepredigt.

Sohn: Was denn, einfach so?

Vater: Ja, stell dir vor! Einfach so.

Sohn: Wie hat er sich das denn vorgestellt? Sollen die guten Leute die ekligen lieben? Und die ekligen die guten? Und die ekligen die ekligen? Und die guten ...

Vater: Nun komm mal wieder zu dir mit deinem Geschwafel! Aber im Prinzip ist es schon so. Auch wenn du es für richtig hältst, deine faulen Anmerkungen zu machen. Dieses Fest soll in der Tat alle Menschen in Liebe miteinander verbinden.

Sohn: Aber wieso können alle Menschen auf einen Schlag gut werden, nur weil Weihnachten ist?

Vater: Natürlich nicht! Aber Weihnachten ist eine Chance, sich auf die christliche Botschaft zu besinnen. Und man tut sich gegenseitig was zuliebe.

Sohn: Und deswegen schenkst du Mama die goldenen Ohrclips?

Vater: Herrgottnochmal, ich könnte deiner Mutter die Clips auch zum Geburtstag schenken. Aber da es nun mal ein Überkommen in unserem Kulturkreis ist, sich Weihnachten zu beweisen, dass man aneinander gedacht hat, tu ich's eben am Heiligabend.

Sohn: Na ja, Charlys Oma sagt ja immer: Es muss feste Bräuche geben.

Vater: Offen gestanden, interessiert mich in diesem Zusammenhang die Meinung von Charlys Oma nicht so sehr. Und die von Charlys Vater noch weniger. Und ich denke gar nicht daran, nur weil es ein paar Prinzipienreitern und Stänkerern gefällt, andere Weihnachtskitscher zu nennen, mir den Heiligabend, den Punsch und den Gänsebraten mit deprimierenden Überlegungen vermiesen zu lassen. Davon werden die Hungernden in Bangladesch nämlich auch nicht satt!

Sohn: Da hast du Recht, Papa!

Vater: Und ich gehe in die Christmette mit euch und ich höre weihnachtliche Barockmusik und ich verbringe ein paar besinnlich kultivierte Festtage im Kreise meiner Familie.

Sohn: Du Papa, hat wirklich jeder Weihnachten so eine Chance mit der Liebesbotschaft?

Vater: Jeder, ja.

Sohn: Auch Weitsichtige, die lispeln?

Vater: Natürlich, Nächstenliebe sollte wohl kaum am Lispeln scheitern.

Sohn: Auch wenn sie schrullig sind und sehr viel reden?

Vater: Gerade die!

Sohn: Und warum hast du dann zu Mama gesagt, es kommt gar nicht in die Tüte, dass Oma Heiligabend bei uns feiert?

Ute Blaich

34. Heimkehr

Hinführung: Manche Juger [illegible] ligabend zu Hause. Nach dem Empfang der Ge [illegible] den sie schnell in der Disco. Discos sind nie so gut besuc [illegible] bend. Würdest du an der Weihnachtsfeier zu Hause g [illegible] rn, wenn du zu bestimmen hättest?

Vorlesedauer ca. 3 Minuten.

Krachend fiel die Tür [illegible] hloss. Wütend war Sven aus dem Haus gegangen. »Ge [illegible] sduselei und Selbstbeweihräucherung!«, schimpfte er noch im Weggehen. In der Adventszeit hatte er so getan, als ob das herannahende Weihnachtsfest mit ihm gar nichts zu tun hätte. Er ignorierte alle Vorbereitungen; doch jetzt, da ihn seine Mutter gebeten hatte, den Christbaum zu schmücken, war es ihm zu viel geworden. »Sie weiß doch, ich halte von all dem nichts mehr. Sie wollte mich nur ärgern damit!« Und so war er am Nachmittag des Heiligen Abends von zu Hause weggegangen. Er wusste, wohin er gehen konnte: zu Reinhard. Der war zwar nur drei Jahre älter als Sven, aber um zehn Jahre erfahrener – wie Sven meinte. Außerdem wohnte er schon allein und er bezeichnete sich selbst als Atheisten. Und tatsächlich, in seiner Bude wies nichts darauf hin, dass es der Vorabend von Weihnachten war.

»Aha«, grinste Reinhard, »bist du etwa der Zelebration des Festes der Liebe entwichen, du Abtrünniger?« Seine Stimme quietschte vor Zynismus. »Sei ruhig«, wehrte Sven ab, »ich habe es nicht mehr ausgehalten. Stell dir vor: Ich sollte den Christbaum schmücken! So eine Gemeinheit!«

Die beiden schwiegen eine Weile, dann legte Reinhard eine Platte auf und kochte Tee. Draußen wurde es dunkel. Sie spielten eine Partie Schach.

»Ich hab' Hunger«, sagte Reinhard und unwillkürlich musste Sven an den Heiligabend so gut gedeckten Tisch zu Hause denken. Sie beschlossen, zum Hähnchengrill zu gehen. Doch als sie dort ankamen, mussten sie feststellen, dass er geschlossen war. »Frohes Fest«, stand auf einem Pappdeckel, der ans Fenster geklebt war. »Blödmann«, schimpfte Sven. – »Ich hab' noch eine Dose Ravioli im Schrank. Die machen wir uns warm.« Reinhard schien die Situation mal wieder voll im Griff zu haben. Doch Sven fühlte sich unwohl, sein Zorn war einer Traurigkeit gewichen. Jetzt fingen auch noch irgendwo die Kirchenglocken an zu läuten. »Was machen die wohl zu Hause?«, fragte er sich. »ob sie sich über mich aufregen und streiten?«

Kurz bevor sie wieder bei Reinhard waren, fiel Svens Blick in ein hell erleuchtetes Fenster. Man konnte im Zimmer einen strahlenden Christbaum sehen, eine Familie stand davor und sang ein Weihnachtslied, welches gedämpft noch auf der Straße zu hören war. Sven fröstelte. Reinhard war bereits weitergegangen, schaute sich um und rief, auf Sven wartend: »Na komm schon. Du wirst doch wohl nicht sentimental werden?« Sven versuchte, die Tränen zurückzuhalten. »Oh Mann«, fuhr Reinhard Sven grob an, »dann geh doch zurück in deine gutbürgerliche Welt! Ciao, Baby!« Er drehte sich um und ging. Noch eine Weile stand Sven da, weinend, enttäuscht, unschlüssig, was er tun sollte.

Es fiel ihm nicht leicht, auf den Klingelknopf zu drücken. Seine Mutter öffnete lächelnd die Tür. »Wir haben mit dem Essen auf dich gewartet.« Aus dem Wohnzimmer drang der Schein brennender Kerzen.

Georg Schwikart

35. Die Gruppe würde ihn Feigling nennen

Hinführung: Es gibt brutale Attentäter, die rücksichtslos ihre Ziele verfolgen. Fanatismus macht blind. Würde sich etwas ändern, wenn sie ihren Opfern vorher genau ins Gesicht schauen würden?
Vorlesedauer ca. 5 Minuten.

Johny O'Sheer war von der Gruppe ausersehen worden, die Bombe zu legen. Sie wollten ein deutliches Zeichen setzen. Alle sollten auf die Gruppe und die ungelösten Probleme aufmerksam werden. Das war nur durch ein neues Attentat möglich, sagten die Männer der Gruppe. Und dass die Bombe im Hauptbahnhof und ausgerechnet zu Weihnachten gezündet werden würde, erhöhte den demonstrativen Charakter des Attentats. Zuerst wollten sie losen. Aber dann sagte einer, es müsste ein mutiger Mann sein, der nicht zuletzt noch kneifen würde, nur weil ihn das Los traf. Da hatten sie sich auf Johny O'Sheer geeinigt und er hatte es hingenommen wie ein unabwendbares Schicksal, war innerlich auch so etwas wie stolz darauf, dass sie so viel von ihm hielten.

Es war Weihnachten und Johny O'Sheer packte die Bombe sorgfältig in die Tasche. Er wollte es tun. Sie würden ihn einen Feigling nennen, wenn er abgelehnt hätte. Er fuhr mit der Bombe in der Tasche zum Bahnhof. Hauptbahnhof war Endstation. Und dann gab es kein Zurück mehr. Er würde in der großen Halle einen Platz finden. Vorher musste der Zeitzünder eingestellt werden.

In der großen Halle war um diese Zeit viel Betrieb. Menschen kamen und gingen an diesem Weihnachtsabend. Züge fuhren ein, verließen den Bahnhof und tauchten ins Dunkel der Nacht. Ein Mann in all diesem Betrieb ging in der Halle umher und suchte mit flackerndem Blick, mit dem ganzen Fanatismus für die Sache der Gruppe, die Halle des Hauptbahnhofs nach dem richtigen Platz ab. Die Bombe sollte zentral genug stehen, um großen Schaden anzurichten und zugleich vor verfrühter Entdeckung sicher sein.

Johny hatte nach kurzer Zeit den richtigen Platz gefunden, stieg mit der Tasche die breite Treppe zu den Toiletten hinunter, warf die nötige Münze ein und schloss die Kabine hinter sich. Dann stellte er den Zeitzünder. Vorsichtig und exakt. Er kannte sich aus, hatte bei der Partisanenausbildung genau aufgepasst.

Johny O'Sheer ging in die große Halle zurück und setzte sich umständlich nieder. Der Betrieb all der vielen Menschen, die es heute eiliger als sonst zu haben schienen, war noch emsiger geworden. Ein Ameisenhaufen, dachte Johny O'Sheer. Morgen würde die Verwüstung, die er in diesem Ameisenhaufen angerichtet hatte, über Fernsehen, Rundfunk und Polizeifunk verbreitet werden. Vielleicht heute Nacht schon.

Da entdeckte Johny O'Sheer den alten Mann in all dem Kommen und Gehen. Ein Bettler oder ein alter Gammler? Einer jedenfalls, der auf der anderen Seite des Lebens stand, kein Etablierter. Er trug eine Geige in der Hand, strebte der Mitte der Halle zu, ganz dicht bis an die Stelle, an der Johny O'Sheer in günstigem Augenblick die Bombe legen würde.

Der Alte nahm die Geige hoch und begann zu spielen und zu singen. Er hatte eine tiefe und klare Stimme. In wenigen Augenblicken stand ein Kreis von Menschen um den Alten herum. Und auch Johny O'Sheer stand in diesem Kreis, um das Schauspiel beobachten zu können. Der Alte sang eins der schönen altirischen Weihnachtslieder zu seiner Geige und kein Ton ging daneben. Ein seltsamer Kontrast: Dieser heruntergekommene Mann und diese schöne, feierliche Stimme zum Klang der Geige.

Johny O'Sheer empfand plötzlich ein ganz ungewohntes und merkwürdiges Gefühl. Das Lied erinnerte ihn an die Weihnachtsfeste seiner Kindheit, daheim in der Familie, wo sieben Kinder gewesen waren. Und als Johny O'Sheer noch versuchte, die unangebrachte Rührung von sich abzuschütteln, sah er, wie die Augen des alten Mannes ins Weite gerichtet waren und zwei Tränen über die ledergleiche Haut des alten Gesichts kullerten. Und dann musste sich Johny O'Sheer plötzlich vorstellen, wie seine Bombe hochgehen würde. Wie der alte Mann und die vielen gerührt und andächtig lauschenden Menschen ...

Als er im Bus saß, der ihn zum Fluss bringen sollte, wusste er, dass er die Bombe in den Fluss werfen würde. Die Gruppe würde ihn einen Feigling nennen und ausstoßen .... Ihn, Johny O'Sheer!

Aber das Lied war stärker. Das Lied – und Weihnachten.

Dietrich Steinwede

36. Es gibt keine Engel

Hinführung: Es soll Jugendliche geben, die haben für das Kind in der Krippe oder für Weihnachten nur noch ein müdes Lächeln übrig. Habt ihr euch schon einmal gefragt: Warum? – Ich lese eine Geschichte vor, die uns dafür etwas die Augen öffnen kann.

Vorlesedauer ca. 7 Minuten.

Es war die letzte Schulstunde vor den Weihnachtsferien. Herr Duve hatte die Kerzen am Adventskranz angezündet und las seinen Schülern eine Geschichte vor. Sie war etwas seltsam und handelte von einem Engel, der auf die Erde gesandt wurde, um eine Seele zu Gott in den Himmel zu holen. Aber der Engel gehorchte nicht und musste deshalb viele Jahre auf der Erde unter den Menschen leben.

»Es gibt keine Engel!« – Herr Duve brach mitten im Satz ab. Auch die Jungen und Mädchen vor Hanno drehten sich überrascht zu ihm um. Er war klein und schmächtig und saß in der letzten Reihe.

»Warum sagst du das?«, fraget Herr Duve.

»Weil es keine Engel gibt«, antwortete Hanno mit fester Stimme.

»Diese Geschichte hat der russische Dichter Leo Tolstoi geschrieben ...«

»Trotzdem gibt es keine Engel«, beharrte Hanno.

»Ich will mich deswegen nicht streiten, aber vielleicht darf ich die Geschichte jetzt weiterlesen. Wir können uns ja später darüber unterhalten.«

Hanno sah Herrn Duve lange an. »Ich mag keine Geschichten, die nicht wahr sind«, sagte er leise.

Herr Duve überlegte, wie er sich verhalten sollte. Er war mit Hanno immer gut ausgekommen. Die meisten Lehrer mochten ihn nicht. »Dumm und frech«, sagte Herr Neuber, der Mathematiklehrer und Frau Schulze nannte ihn einen aufsässigen Bengel. Sie gab Englischunterricht in der Klasse.

»So ein Bursche gehört nicht auf diese Schule«, behauptete der Biologielehrer. Hanno Krüger war wirklich kein guter Schüler. Obwohl er die Klasse wiederholte, galt seine Versetzung wiederum als gefährdet.

»Der Krüger ist faul, das ist alles«, meinte der Chemielehrer.

Im Lehrerzimmer ließen sie kein gutes Haar an dem Jungen und Duve wusste nicht, wie er ihn verteidigen sollte. Die Vorwürfe waren gewiss berechtigt; trotzdem hatte er den Eindruck, seine Kollegen machten es sich zu einfach.

»Sie scheinen diesen Bengel wohl zu mögen? Wissen Sie, was er gestern zu mir gesagt hat?« Frau Schulzes Stimme bebte vor Empörung, aber Duve hatte es nicht hören wollen. Mit ein paar hastig gemurmelten Entschuldigungen war er aus dem Zimmer gegangen.

Hanno blickte Herrn Duve herausfordernd an. »Ich glaube nicht, dass dich der Engel an dieser Geschichte stört. Was bedrückt dich, Hanno? Wir können nach der Stunde darüber sprechen, wenn du möchtest.« Herr Duve nickte dem Jungen freundlich zu. Hanno verschränkte die Arme über der Brust und setzte eine trotzige Miene auf. Seine Mitschüler wurden jetzt unruhig. »Eingebildeter Affe!« »Immer muss er stören!«

Herr Duve räusperte sich. Als er weiterlas, wurde ihm mehr und mehr bewusst, was Hanno an dieser Geschichte quälte. »Wovon lebt der Mensch?«, fragt Tolstoi am Anfang seiner Erzählung und lässt den ungehorsamen Engel Michailo lernen, dass der Mensch von der Liebe lebt.

Hanno stand auf, nahm seine Schultasche, schob den Stuhl geräuschvoll unter den Tisch und ging hinaus. Die anderen waren erst sprachlos, dann aufgebracht.

»Der Krüger kann sich wohl alles erlauben!«

Herr Duve klappte das Buch zu. Es hatte keinen Sinn, die Geschichte zu Ende zu lesen. Er hob beschwichtigend die Hand. »Hanno hat sich nicht richtig verhalten. Ich habe ihn trotzdem fortgehen lassen. Es gibt Geschichten, die sehr wehtun können. Ein Mensch, der einsam ist, empfindet das besonders schmerzlich.«

Die Jungen und Mädchen sahen Herrn Duve verständnislos an.

»Der Krüger will sich doch nur aufspielen!«

»Und warum tut er das?«, fragte Herr Duve, »denkt einmal darüber nach. Ich weiß nicht, ob wir ihm helfen können. Machen wir jetzt auch Schluss. Frohe Weihnachten!«

Lärmend stürmten sie aus dem Klassenzimmer. Herr Duve blies die Kerzen des Adventskranzes aus.

Am Nachmittag rief er bei Hannos Vater an. »Herr Krüger, ich hätte sie gern einen Augenblick gesprochen; nein, nicht am Telefon. Kann ich zu Ihnen ins Büro kommen?«

»Hat der Junge schon wieder etwas angestellt?«

»Nicht der Rede wert. Ich bin gleich bei Ihnen.«

Das Büro lag im dritten Stock eines alten Geschäftshauses. Es wirkte eng und dunkel. Vom Fenster aus blickte man in einen Hinterhof. Herr Krüger bot seinem Gast einen Stuhl neben der Tür an und setzte sich wieder hinter seinen Schreibtisch. »Da rackert man sich von früh bis spät für die Familie ab und dieser Bengel macht einem nichts als Scherereien.«

»Lieben Sie Ihren Sohn?«, fragte Herr Duve.

»Was soll das? Natürlich liebe ich ihn. Ich will doch nur sein Bestes.

Aber was macht er? Treibt sich herum, ärgert die Lehrer. Stell' ich ihn zur Rede, gibt er patzige Antworten. Ich weiß nicht, was in den Bengel gefahren ist. So wie es aussieht, muss ich ihn im Sommer von der Schule nehmen.«

»Und dann?«

Herr Krüger zuckte die Schultern. »Jeder ist seines Glückes Schmied, das habe ich ihm oft genug gesagt.«

»Was muss Hanno tun, damit Sie ihm Ihre Liebe zeigen?«

»Soll ich ihn für seine Faulheit vielleicht noch belohnen?«

Herr Krüger war jetzt ärgerlich. Er stand auf und ging erregt hinter seinem Schreibtisch auf und ab. Es waren immer nur zwei, drei Schritte, dann musste er umkehren. »Ich verstehe nicht, was Sie von mir wollen, Herr Duve.«

»Heute morgen las ich den Schülern eine Geschichte von Leo Tolstoi vor. ›Wovon lebt der Mensch?‹ heißt sie. Vielleicht kennen Sie die Geschichte?«

»Tolstoi? Nein.«

»In der Geschichte erzählt Tolstoi von einem Engel, der lernen soll, dass wir Menschen von der Liebe leben.« »Hm.«

»Alle hörten aufmerksam zu, als Hanno plötzlich sagte: ›Es gibt keine Engel‹.«

Krüger warf seinem Gast einen belustigten Blick zu. »Hab' auch noch keinen gesehen.«

»Darum ging es auch nicht. Ich bot Hanno an, nach der Stunde mit ihm darüber zu sprechen. Etwas später meinte er: ›Ich mag keine Geschichten, die nicht wahr sind.‹ Und schließlich nahm er seine Sachen und verließ die Klasse.«

»Unverschämt. Ich halte zwar auch nicht viel von solchen Geschichten, aber ...«

»Setzen Sie sich doch wieder«, bat Duve.

Krüger nahm gehorsam Platz und trommelte mit den Fingern auf der Schreibtischplatte.

»Wenn ich es recht bedenke«, fuhr Duve fort, »wollte Hanno vielleicht sagen: Es gibt keine Liebe!«

Krüger legte die Hand flach auf den Schreibtisch und schwieg. Er wandte den Kopf und blickte aus dem Fenster.

Duve stand auf. »Ich wünsche Ihnen und Ihrer Familie ein frohes Weihnachtsfest«, sagte er leise, ging hinaus und schloss die Tür hinter sich.

Horst Glameyer

37. Liesel will im Gefängnis bleiben

Hinführung: Wie sieht Weihnachten in einer Gefängniszelle aus? Es gibt Menschen, die verzichten auf ihre häusliche Weihnachtsfeier und gehen an Heiligabend in die Bahnhofsmission, um mit Pennern etc. Weihnachten zu feiern – oder ins Gefängnis.

Vorlesedauer ca. 6 Minuten.

Liesel ist ins Gefängnis gekommen. Ihre Kinder aber in ein Heim. Wenn die Liesel in ihrer Zelle sitzt, in Nummer 18, dann sieht sie auf vier fleckige, grünblaue, kahle Wände, einen Tisch, einen Stuhl, ein Bett, so schmal wie ein Handtuch. Dann fängt sie meist an zu heulen. Manchmal blinzelt abends gegen fünf die Sonne in Liesels Zelle. Dann steigt die Liesel auf den Tisch, was verboten ist. Aber wenn sie nicht auf den Tisch steigt, kann sie nicht aus dem vergitterten Fensterchen sehen. Denn das ist so hoch, dass zwei große Jungens aufeinander klettern müssten, wenn sie etwas sehen wollten. Aber was sieht die Liesel schon, wenn sie ihren Kopf gegen das Eisen presst? Mauern. Etwas Hof. Die Außenmauern. Viel ist das nicht.

»Mensch, Liesel«, sagte drei Tage vor Weihnachten Heidi, die aus Nummer 16, »ich werd' zu Weihnachten entlassen. Die große Weihnachtsamnestie.«

Die große Weihnachtsamnestie. Das heißt: Jedes Jahr kurz vor Weihnachten kommen ein paar Gefangene in Freiheit, deren Strafe eigentlich erst nach Weihnachten abgelaufen wäre. Aber das sind nicht viele, die der Minister da frei lässt. Natürlich freuen sich die Gefangenen, die rauskommen, wenn sie nach Hause fahren können, zu ihrer Familie, ihren Kindern. Doch viele haben keine Familie, kein Haus, keine Wohnung. Die treiben sich dann auf den Straßen herum, übernachten bei der Bahnhofsmission. Oder in einem Rohbau, denn da ist es immerhin nicht so kalt wie ganz im Freien.

»Mensch, Liesel«, sagt also die Heidi, »ich werd' zu Weihnachten entlassen.« Und die Liesel antwortet: »Ich auch.« Und fängt wieder mal an zu flennen.

»Was gibt's denn da zu flennen?«, fragt Heidi.

Liesel putzt mit dem Taschentuch im Gesicht herum und guckt sie groß an. »Das verstehst du nicht. Du gehst heim.

Ich weiß nicht, wo ich hin soll.«

Die Heidi sagt da lieber nichts, denn sie versteht das schon. Und in so einem Fall, denkt Heidi, sagt man besser nichts als was Falsches.

Gegen Abend lässt die Liesel eine Beamtin kommen. Die Beamtin macht die Tür auf. »Was gibt's?«, fragt sie, kurz vor Weihnachten besonders gereizt, weil sie so viel zu tun hat.

»Ich möchte zur Direktorin.«

»Da wollen jetzt viele hin. Das geht nicht.«

»Wenn Sie mich nicht anmelden, schlag' ich hier alles kurz und klein.«

»Langsam, langsam«, knurrt die Beamtin, »kann's ja versuchen.«

»Ich hab' gehört, Sie wollen Schwierigkeiten machen. Zelle kaputtschlagen und so«, sagt die Direktorin bestimmt, aber freundlich. »Das würde ich an Ihrer Stelle nicht machen. Sie kommen doch vor Weihnachten raus. Und das wollen Sie sich gewiss nicht verscherzen.«

»Doch«, sagt die Liesel.

»Doch?«, fragt die Direktorin. Völlig verdattert guckt sie vom Aktenstapel hoch.

»Ja. Ich will nicht raus. Ich will hier bleiben. Hier bin ich gut untergebracht. Draußen kenn' ich niemanden.«

»Aber Liesel«, tröstet die Direktorin. »Sie wissen doch, wie das ist, Weihnachten im Gefängnis. Da haben die meisten Beamtinnen frei. Da sind Sie den Tag in der Zelle eingeschlossen. Und am Heiligen Abend heulen alle. Ist ja auch zum Heulen, zugegeben, geht mir selber an die Nieren.«

»Besser hier als draußen«, sagt Liesel. »Ich geh' nicht raus. Hier kenn' ich jetzt alle. Draußen niemanden.«

»Ich kann Sie hier nicht länger einsperren«, sagt die Direktorin. »Wenn Ihre Zeit um ist, ist sie um. Ich darf Sie nicht hier behalten, auch wenn ich es wollte.«

»Und wenn ich alles zusammenschlage? Muss ich dann auch raus?«

»Jetzt machen Sie keinen Quatsch«, sagt die Direktorin. »Irgendjemanden werden Sie doch draußen kennen.« Und als die Liesel den Kopf schüttelt: »Also, hier behalten kann ich Sie nicht. Vielleicht nimmt Sie die Bahnhofsmission. Soll ich mal anrufen?«

Die Liesel schüttelt wieder den Kopf. »Da muss ich auf einem Stuhl schlafen, weil alles schon überfüllt ist. Weil da alle hingehen, die nicht wissen, wo sie hingehen sollen. Da schlaf' ich noch schlechter als im Gefängnis. Ich will hier bleiben.«

»Nun seien Sie mal vernünftig.«

»Und wenn ich die Zelle kaputtschlage?«

»Dann ist die Amnestie futsch. Dann darf ich Sie erst nach Neujahr rauslassen.«

»Danke«, sagt die Liesel. »Haben Sie vielen Dank. Sie sind so gut zu mir.«

Abends will die Liesel die Zelle kurz und klein hauen. Zelle 18, in der sie wohnt. Da geht die Tür auf. Die Direktorin kommt rein. »Lassen Sie das«, sagt sie, »Sie dürfen hier bleiben.«

»Danke«, antwortet die Liesel aus Zelle 18, »Sie sind sehr gut zu mir.« Packt den Stuhl und schmeißt ihn gegen das Gitterfenster. *Ernst Klee*

37. Liesel will im Gefängnis bleiben

38. Der sterbende Stern

Hinführung: »Science-fiction«-Romane haben viele Anhänger. Und die Einschaltquoten bei abenteuerlichen Raumschiff-Expeditionen ins Weltall sind hoch. Ich habe aus dieser faszinierenden Welt eine Weihnachtsgeschichte gefunden.
Vorlesedauer ca. 10 Minuten.

Das Raumschiff Space raste mit mehrfacher Lichtgeschwindigkeit durch die Nacht des Weltalls. Auf der Erde schrieben die Menschen das Jahr 2105. Charles saß vor dem großen Monitor, der die ganze Frontseite des Schiffes einnahm. Grün und blau leuchteten Punkte auf, wurden größer und verschwanden. Jeder Punkt bedeutete einen Himmelskörper, eine lebende Sonne oder einen erloschenen Stern. Zarte akustische Signale begleiteten ihr Kommen und Gehen. Es klang wie die sanfte Musik eines Himmels irgendwo. Charles summte die Sternenmelodien mit und es wurde ihm dabei ganz seltsam zu Mute.

Im Hintergrund arbeiteten zwei Roboter an den Bordcomputern. Es waren die beiden einzigen »lebenden« Wesen, die Charles auf seiner einsamen Reise begleiteten. Seit drei Jahren taten sie ihre Arbeit ohne jede Unterbrechung. Selbst wenn Charles auf ein Signal hin für sieben Stunden in tiefen Schlaf fiel, ebenfalls computergesteuert, arbeiteten die Roboter weiter; sie kontrollierten und korrigierten die Flugbahn nach den Kommandos, die das interstellare Raumfahrtzentrum per Funk übermittelte. Wenn Charles automatisch geweckt wurde, fand er auf dem Bildschirm die exakten Daten über den zurückgelegten Flug.

Charles konnte sich mit den Robotern sogar unterhalten. Bob, ein Roboter der vierten Generation, antwortete durchaus vernünftig auf einfache Sätze; Mac dagegen konnte mit seiner Maschinenstimme nur die Aufträge wiederholen, die ihm gegeben worden waren. Letztlich aber war Charles allein, die Roboter waren und blieben, trotz ihrer gewissen Intelligenz, Maschinen. Sie sorgten zwar für sein Leben, stellten zur rechten Zeit die Astronautennahrung bereit, entsorgten das Raumschiff; Bob züchtete sogar Algen und betreute die essbaren Pilzkulturen. Aber es waren keine Menschen. Weder Bob noch Mac zeigten irgendeine Regung. Sie kannten weder Freude noch Schmerz; sie zeigten keine Gefühle der Überraschung und fühlten sich nicht durch die ungeheure Weite des Alls, durch die ihr Schiff raste, bedroht. Auch das Gefühl der Einsamkeit bedrückte sie nicht; sie wussten nicht, was Heimweh ist.

Umso mehr fühlte sich Charles in dieser Stunde einsam. Gewiss, er hatte sich vor fünf Jahren für diese Fahrt an die Grenzen der Welt freiwillig gemeldet. Zwei Jahre lang war er intensiv darauf vorbereitet worden, mit einem vollautomatischen Raumschiff möglichst nahe an eine kosmische Katastrophe heranzukommen, um Daten über den Zusammenbruch eines ganzen Sonnensystems zu sammeln. Die Wissenschaftler brauchten noch letzte Gewissheiten für ihre Theorie über die Entstehung der Welt.

Charles war schon immer ein Einzelgänger gewesen. Ohne Mutter aufgewachsen, hatte ihn sein Vater schon früh in seine wissenschaftlichen Arbeiten hineingezogen. Sein Werdegang war dann folgerichtig: Studium, dann Praktikum bei der Europäischen Weltraumbehörde. Nach einem wissenschaftlichen Aufenthalt in China und Amerika und nach einem Spezialtraining auf dem Mars, kehrte er als Leiter der interstellaren Kommission nach Europa zurück. Als er fünfzig Jahre alt geworden war, hatte er sich um diesen waghalsigen Flug beworben, der mindestens sieben Jahre dauern sollte. Ausdrücklich war er darauf vorbereitet worden, dass es ein Flug ohne Wiederkehr sein könne. Doch Charles, der keine Familie und auch keine Freunde hatte, fühlte sich für diese Mission wie berufen.

Er starrte auf den Monitor. Die grünen und blauen Punkte waren größer geworden; eine Kontrollanfrage bestätigte dies. Bob nannte auch die Gründe, die das Bordbuch automatisch notierte, speicherte und gleichzeitig zur Erde funkte. Sie waren in die unmittelbare Nähe des untergegangenen Sonnensystems geraten. Es galt jetzt, die Daten zu sammeln, abzuspeichern und zur Sicherheit auf zwei verschiedenen Wegen dem wissenschaftlichen Zentrum auf der Erde zu übermitteln. Die Empfangsanlagen dazu standen an der Nordwestküste Spaniens und in den Bayerischen Alpen. Für einen Augenblick versuchte sich Charles die Berge vorzustellen, Wiesen und Wasserfälle. Er wollte sich an den Geruch von Blumen und Kräutern erinnern und an die kristallene Kälte des Schnees, als ihn Mac aus den irdischen Träumen riss: »Bordbuch in. Dat. coll.« Mac sprach in seiner aufs Notwendigste verkürzten Redeweise und schaltete gleichzeitig die Apparaturen ein. Die Mission kam zu ihrem Höhepunkt. Charles wusste, dass jetzt auch in den beiden Kontrollzentren der Erde gespannte Aufmerksamkeit herrschte.

Und doch war Charles mit sich allein; er brauchte nichts zu tun. Alles funktionierte reibungslos. Wie zum Spiel schaltete er den kleinen Computer ein, der rechts in die Armablage des Steuerungssessels integriert war. Er fragte nach dem aktuellen Datum auf der Erde. »23. Dezember 2105« erschien auf dem Bildschirm. Dann, in der zweiten Zeile, leuchtete die Frage auf: »Weitere Informationen?«

»Weitere Informationen?«, dachte Charles laut. »Vor dreißig Jahren hatten sie auf der Erde Weihnachten abgeschafft. Für dieses Fest gab es keinen Bedarf mehr.« Charles kam ins Nachdenken. Gott? Auf der ganzen langen Reise ist er keinem Gott begegnet. Wo könnte dieser Gott auch sein? An Tausenden von Sternen war sein Raumschiff vorbeigerast. Der Computer konnte ihm leicht errechnen, wie viele Sonnensysteme das All zählte, wie viele Erden möglich sind. Und da sollte ein Gott, falls er überhaupt existierte, seine Vorliebe für einen winzigen Planeten am Rande einer eher bescheidenen Milchstraße entdeckt haben. »Stille Nacht, heilige Nacht …« summte Charles leise in sich hinein und versuchte mit einer fast ärgerlichen Handbewegung die Melodie sofort wieder wegzuwischen. »Merkwürdig«, dachte er, »wie sich Kindheitserinnerungen festsetzen.«

»Stille Nacht«, das war das einzige Lied, das er seinen Vater je hat singen hören ...

»Gott ist Mensch geworden!« Charles schüttelte unwillig den Kopf, als müsse er das Wort und den Gedanken aus sich vertreiben. »Nein«, dachte Charles weiter, »der Mensch ist letztlich einsam und verloren, so wie ich auf dieser Reise durch die Finsternis des Alls. Noch weniger als ein Lichtpunkt, der auf meinem Bildschirm vorüberzieht. Da ist kein Gott.« Und noch einmal wiederholte er laut, als müsse er sich selbst bestätigen: »Da ist kein Gott!«

Bob riss ihn aus den Gedanken. »Erste Daten gespeichert«, schnarrte der Roboter. »Berechnungen laufen an ...« Charles schaltete auf die Sichtanzeige des Roboters um. Zahlen und Kurven liefen über den Schirm und verdichteten sich zu langen Kolonnen, lösten sich wieder auf, ergänzten sich; neue Daten kamen hinzu. Der Computer korrigierte. Es dauerte vielleicht eine halbe Erdenstunde, bis eine Zahl mit 25 Stellen auf dem Bildschirm feststand. Sie änderte sich nun nicht mehr. Aus einem Trend war eine feste Sicherheit geworden:

»25368.49048.38188.22123.82819«!

Charles starrte die Zahl an. Die Chiffre notierte den Zeitpunkt, an dem der gewaltige Stern, auf den sie zurasten, am hellsten aufgeleuchtet war, bevor er in einer gewaltigen Explosion in sich zusammenstürzte und ein ganzes Planetensystem mit in sich hineinriss und vernichtete. Was man im interstellaren Zentrum auf der Erde so sehnsüchtig erwartete, seine Augen waren die ersten, die das Datum dieser gewaltigen kosmischen Katastrophe erblickten, eine Zahl mit 25 Stellen. Nur ein Druck auf die Tast »Z« war nötig und der Computer rechnete auf Erdzeit um. Es dauerte nicht einmal dreißig Sekunden, da leuchtete auf dem Bildschirm auf: »6 v.u.Z.«

Charles schlug die Hände vors Gesicht. Das konnte doch nicht wahr sein! Das Jahr sechs vor unserer Zeitrechnung, das war das Jahr der Geburt Jesu, des Sohnes Gottes, in Bethlehem, im letzten Winkel der Erde! »Mein Gott!«

38. Der sterbende Stern

Charles rief es laut in die Stille des Raumschiffs: »Mein Gott, im Jahr sechs leuchtete die Supernova am südlichen Himmel zwischen Jupiter, dem Königsstern, und Saturn, dem Stern Palästinas, auf und überstrahlte für kurze Zeit mit ihrem Glanz den orientalischen Horizont. Das Licht für Weihnachten! Die gewaltige kosmische Katastrophe hatte ein Gott inszeniert, um die Geburt seines Sohnes auf der Erde anzuzeigen. Der Stern, zu dessen Resten er unterwegs war, hatte die ferne Menschheit in Bewegung gesetzt und zu einem Stall geführt, damit sie dort niederknien und anbeten konnte.«

Diese Erkenntnis zwang Charles in die Knie. »Es gibt einen Gott!«, murmelte er; »mein Gott, es gibt dich, Gott ...«, wiederholte er, während das Raumschiff immer schneller wurde, angezogen durch die ungeheure Schwerkraft des schwarzen Lochs. Die Alarmanlagen der Computer schrillten und teilten Sekunden später in ihrer sachlichen Sprache mit, dass es für das Raumschiff jetzt keine Möglichkeit zur Umkehr mehr gebe.

»Ja, es gibt einen Gott«, bekannte Charles und erhob sich von seinen Knien. Eine Umkehr war jetzt nicht mehr nötig.

Roland Breitenbach

Weitere geeignete Geschichten:

Die Nummern 16, 18–20, 23, 25, 27, 29, 40, 44, 45, 47, (48), 49, 50, 59.

39. Was für ein Fest?

Hinführung: Es gibt kein Fest in allen Weltreligionen und in aller Welt, das so intensiv vorbereitet wird wie das Weihnachtsfest. Selbst das Brauchtum bietet noch genügend Anreiz, zum Nachdenken zu kommen. *Vorlesedauer ca. 5 Minuten.*

Der kleine Junge hockte auf dem Fußboden und kramte in einer alten Schachtel, aus der er einiges zutage förderte: ein paar Röllchen schmutzige Nähseide, ein verbogenes Wägelchen und einen silbernen Stern. »Was ist das?«, fragte er und hielt den Stern hoch in die Luft.

Die Küchenmaschinen surrten, der Fernsehapparat gab Männergeschrei und Schüsse von sich, vor dem großen Fenster bewegten sich die kleinen Stadthubschrauber vorsichtig auf und ab. Der Junge stand auf und ging unter die Neonröhre, um den Stern, der aus einer Art von Glaswolle bestand, genau zu betrachten.

»Was ist das?«, fragte er noch einmal.

»Entschuldige«, sagte die Mutter am Telefon, »das Kind plagt mich, ich rufe dich später noch einmal an.« Damit legte sie den Hörer hin, schaute herüber und sagte: »Das ist ein Stern.«

»Sterne sind rund«, sagte der kleine Junge.

»Zeig mal«, sagte die Mutter und nahm dem Jungen den Stern aus der Hand. »Es ist ein Weihnachtsstern«, sagte sie.

»Ein was?«, fragte das Kind.

»Jetzt habe ich es satt!«, schrie der Mann auf der Fernsehscheibe und warf seinen Revolver in den Spiegel, was beträchtlichen Lärm verursachte. Die Mutter drückte auf eine Taste, der Lärm hörte auf und das

Bild erlosch. »Etwas von früher«, sagte sie in die Stille hinein, »von einem Fest.«

»Was war das für ein Fest?«, fragte der kleine Junge.

»Ein langweiliges«, sagte die Mutter schnell. »Die ganze Familie stand in der Wohnstube um einen Baum herum und sang Lieder oder die Lieder kamen aus dem Fernsehen und die ganze Familie hörte zu.«

»Wieso um einen Baum?«, fragte der Junge. »Der wächst doch nicht im Zimmer?«

»Doch«, sagte die Mutter, »das tat er an einem bestimmten Tag im Jahr. Es war eine Tanne, die man mit brennenden Lichtern oder mit kleinen bunten Glühbirnen besteckte und an deren Zweige man bunte Kugeln und glitzernde Ketten hing.«

»Das kann nicht wahr sein«, sagte das Kind.

»Doch«, sagte die Mutter,« und an der Spitze des Baumes befestigte man den Stern. Er sollte an den Stern erinnern, dem die Hirten nachgingen, bis sie den kleinen Jesus in seiner Krippe fanden.«

»Den kleinen Jesus?«, sagte das Kind aufgebracht, »was soll denn das nun wieder sein?«

»Das erzähle ich dir ein andermal«, sagte die Mutter, die sich an die alte Geschichte erinnerte, aber nicht mehr genau.

Der Junge wollte aber von den Hirten und der Krippe gar nichts hören. Er interessierte sich nur für den Baum, der im Zimmer wuchs und den man verrückterweise mit brennenden Lichtern oder mit kleinen Glühbirnen besteckt hatte.

»Das muss ein schönes Fest gewesen sein«, sagte er nach einer Weile.

»Nein«, sagte die Mutter heftig, »es war langweilig. Alle hatten Angst davor und waren froh, wenn es vorüber war. Sie konnten den Tag nicht abwarten, an dem sie dem Weihnachtsbaum seinen Schmuck wieder abnehmen und ihn vor die Tür stellen konnten, dürr und nackt.« Und damit streckte sie ihre Hand nach den Tasten des Fernsehapparates aus. »Jetzt kommen die Marspiloten«, sagte sie.

»Ich will aber die Marspiloten nicht sehen«, sagte der Junge. »Ich will einen Baum und ich will wissen, was mit dem kleinen Sowieso war.«

»Es war«, sagte die Mutter ganz unwillkürlich, »zur Zeit des Kaisers Augustus, als alle Welt geschätzet wurde.«

Aber dann erschrak sie und war wieder still. Sollte das alles noch einmal von vorne anfangen? Zuerst die Hoffnung und die Liebe und dann die Gleichgültigkeit und die Angst? Zuerst die Freude und dann die Unfähigkeit, sich zu freuen und das Sich-Loskaufen von der Schuld? »Nein«, dachte sie, »ach nein.« Und damit öffnete sie den Deckel des Müllschluckers und gab ihrem Sohn den Stern in die Hand.

»Sieh einmal«, sagte sie, »wie alt er schon ist, wie unansehnlich und vergilbt. Du darfst ihn da hinunterwerfen und aufpassen, wie lange du ihn noch siehst.«

Das Kind gab sich dem neuen Spiel mit Eifer hin. Es warf den Stern in die Röhre und lachte, als er verschwand. Aber als es draußen an der Wohnungstür geklingelt hatte und die Mutter hinausgegangen war und wiederkam, stand das Kind wie vorher über den Müllschlucker gebeugt. »Ich sehe ihn immer noch«, flüsterte es. »Er glitzert. Er ist immer noch da.«

Marie-Luise Kaschnitz

39. Was war das für ein Fest?

40. Die Landstrassengeschichte

Hinführung: Die Hektik der Vorbereitung an Heiligabend kann manchmal genau das Gegenteil der Atmosphäre hervorbringen, die dem Kern von Weihnachten angemessen wäre.
Vorlesedauer ca. 10 Minuten.

Dass sie Weihnachten im Auto verbringen mussten, hatte ihnen Papa eingebrockt. Er wird manchmal sehr wütend und macht dann unmögliche Sachen. Später tut es ihm Leid, denn eigentlich ist er gut und friedlich.

Dieses Mal war er wütend über Oma; das ist die Mutter von Mama. Papa und Mama sind zu ihr in das Haus gezogen, damit sie nicht allein wohnt. Es war damals nach dem Tod von Opa und ist nun schon lange her. Inzwischen sagen Papa und Mama: »Die Oma wohnt bei uns.«

Aber Oma sagt immer noch: »Ihr wohnt bei mir!«

Papa kann es nicht leiden, wenn sie das sagt. Mama lacht darüber und meint: »Lass sie reden und ärgere dich nicht.«

Warum musste Oma aber ausgerechnet am Morgen von Heiligabend wieder damit anfangen? Papa stand im Wohnzimmer auf der Leiter und schmückte den Baum. Er steckte gerade die Silberspitze auf, als Oma hereinkam und fragte: »Warum steht der Baum hinter der Tür?«

»Wo sollte er sonst stehen?«, entgegnete Papa.

»Bei mir pflegte er links vom Fenster zu stehen«, sagte Oma.

»Und jetzt steht er hinter der Tür«, gab Papa von der Leiter herab zurück.

»Solange ihr bei mir wohnt, solltet ihr auf mich hören«, erwiderte Oma. Und dann gerieten sie in Streit. Sie sagten dies und das und als Mama aus der Küche kam, um sich einzumischen, redeten alle durcheinander. Papa war sehr wütend. Er riss den Schmuck wieder vom Baum und warf ihn in die Kartons zurück. »Was tust du?«, rief Mama.

»Pack die Geschenke, Süßigkeiten, Betten und Zahnbürsten ein.

Wir feiern Weihnachten woanders. Irgendwo werden wir willkommen sein und unseren Baum da aufstellen dürfen, wo wir es wollen.«

Er nahm den Baum, rannte damit nach draußen und schnallte ihn auf das Autodach. Auf dem Hof spielte Nickel mit seinem Freund.

»Was machst du?«, fragte er Papa.

»Wir verreisen. Und weil wir unterwegs Weihnachten feiern werden, brauchen wir unseren Baum!«, rief Papa und war schon wieder im Haus.

»Toll«, sagte Nickels Freund. Und Nickel war sehr stolz auf Papa, der manchmal so unmögliche Sachen machte. Oma lief hinter Papa her und jammerte: »So war es doch nicht gemeint!« Aber er schob sie bloß beiseite. Mama rief: »Ist das wirklich dein Ernst?«

Aber Papa hatte schon die Betten in eine Wolldecke geschnürt und verstaute sie im Kofferraum. Da kramte Mama alle Geschenke zusammen und packte etwas Wäsche und Kleidung ein. Sie holte aus der Küche die Kuchen und Oma brachte eine Thermosflasche mit heißem Tee. Dann zog Mama den Maxel warm an und setzte ihn auf sein Stühlchen hinter sich ins Auto. Nickel gab Oma einen Kuss, winkte – und schon ging die Fahrt los.

Papa war immer noch wütend und fuhr sehr schnell. Er drehte das Lenkrad, dass ihre Köpfe hin und her flogen. Er bremste, dass alle nach vorn kippten. Er hupte, wenn ihm andere Autos keinen Platz machten. Das gefiel Nickel und der Maxel kreischte vor Vergnügen. Aber Mama sagte: »Bitte fahr vorsichtig oder ich steige aus.« Da wurde Papa ruhiger. Später fragte Mama: »Wohin fahren wir eigentlich?«

Papa antwortete: »Zu meiner Tante Luise. Du wirst sehen, dass es uns dort besser geht als bei deiner Mutter.«

Es war Mama peinlich, einfach so zu Tante Luise zu fahren. Immerhin waren sie vier Personen, es war Weihnachten und Tante Luise hatte keine Ahnung, dass sie kamen. Jedoch mit Papa war nicht zu reden.

Nach einer Stunde erreichten sie die Stadt, in der Tante Luise wohnte. Sie fuhren vor das Haus und Papa stieg aus, um zu klingeln. Er klingelte noch mal und noch mal, aber es machte niemand auf. Im Nebenhaus rief eine Frau aus dem Fenster: »Da ist niemand zu Hause«, und sie erzählte Papa, dass Tante Luise verreist sei, weil sie Weihnachten nicht allein sein wollte. Ja, wenn sie gewusst hätte, dass Besuch kommt, wäre sie sicher geblieben und hätte sich gefreut.

»Schon gut«, sagte Papa, »besten Dank und frohes Fest!« Er startete wieder.

»Wohin fahren wir jetzt?«, fragte Mama.

Papa entsann sich, dass er in dieser Stadt einen alten Schulfreund hatte. Papa meinte, der würde sich bestimmt freuen, wenn sie so unvermutet auftauchten, denn er sei früher ein lustiges Haus gewesen. Mama war nicht so sicher, aber sie sagte nichts. Nickel rief: »Fein, wir fahren in ein lustiges Haus!« Und der Maxel kreischte vor Wonne.

Papas Freund war zwar zu Hause, doch besonders lustig war er nicht. Er erinnerte sich nicht einmal an Papa und musste eine Weile grübeln. Erst als er Nickel sah, wusste er es, denn Nickel sah genauso aus wie Papa früher. Er bat sie in seine Wohnung und weil es Mittag geworden war, brachte seine Frau für jeden einen Teller Kartoffelsuppe. Mama durfte im Nebenzimmer den Maxel trockenlegen und Nickel durfte mal aufs Klo. Dann sagte Papas Freund: »Sicher habt ihr noch eine weite Fahrt vor euch. Wir wollen euch nicht aufhalten. Heute hat jeder noch viel zu tun. Es war nett, dass ihr uns mal kurz besucht habt.«

Papa traute sich nicht, etwas zu sagen. So kletterten alle wieder in das Auto und fuhren weiter. Der Freund und seine Frau standen vor ihrem Haus und winkten.

Nicht weit von hier hatte Papa einen Vetter. Der hatte eine Frau und drei Kinder und einen Bauernhof mit viel Platz. Dort waren sie früher oft gewesen, aber weil der Vetter so ähnlich wie Papa war und leicht wütend wurde, waren sie es einmal zur gleichen Zeit und hatten sich verkracht.

»Wir sollten zu deinem Vetter fahren«, sagte Mama jetzt. Das war für Papa sehr unangenehm, aber er sah ein, dass Mama einen guten Vorschlag gemacht hatte. Vor dem Bauernhof blieb er im Auto sitzen und schickte Mama ins Haus. Nickel wollte gleich mit, aber Papa hielt ihn fest. Als Mama wiederkam, setzte sie sich und sagte zu Papa: »Fahr nur gleich weiter.«

»Ist er mir noch böse?«, fragte Papa.

»Das nicht«, erwiderte Mama, »aber er und die drei Kinder liegen im Bett und haben Ziegenpeter. Den haben Nickel und Maxel noch nicht gehabt.«

Papa war sehr schweigsam. Mama ließ ihn von jetzt an bei jedem Gasthaus halten und nach Zimmern fragen. Doch sie hatten kein Glück. Entweder war geschlossen oder alle Zimmer waren belegt. Nickel und Maxel hatten Hunger und Mama gab ihnen Lebkuchen.

Einmal hielt Papa an und alle vertraten sich die Füße. Als sie wieder fuhren, fragte Nickel, wann endlich Bescherung sei. Er wollte nun gern seine Geschenke haben.

»Wenn wir da sind«, sagte Mama.

»Wann sind wir da?«, fragte Nickel.

Mama sagte zu Papa: »Bitte, lass uns umkehren.«

Und wirklich, Papa drehte um. Sie fuhren nun fast allein auf der Straße. Es war dunkel. Der Maxel schlief. Mama und Nickel sangen Weihnachtslieder. Dann schlief Nickel auch. Später hielten sie noch einmal an und Mama schenkte Papa den heißen Tee ein.

»Gut, dass du daran gedacht hast«, sagte er.

»Daran hat Oma gedacht«, sagte Mama.

Als sie zu Hause ankamen, brannte nirgends mehr Licht. Mama trug den Maxel ins Bett und Papa schleppte Nickel. Die merkten nichts.

Als am anderen Morgen noch alle schliefen, holte Papa den Baum vom Autodach, stellte ihn ins Wohnzimmer hinter die Tür und fing an, ihn zu schmücken. Als er halb fertig war, nahm er ihn und stellte ihn links vom Fenster auf. Mama kam und brachte die Geschenke. Sie trug Maxel ins Zimmer und Nickel sprang hinter ihr her. Papa zündete die Kerzen an.

40. Die Landstrassengeschichte

»Jetzt feiern wir endlich Weihnachten!«, rief Nickel.

Aber Papa sagte: »Wartet einen Augenblick.« Er holte Oma, die noch nicht zum Vorschein gekommen war. Er drückte sie an sich, gab ihr einen Kuss und rief: »Frohe Weihnachten!«

Papa ist meist der friedlichste und beste Mensch.

»Was bin ich froh, dass ihr wieder da seid!«, sagte Oma. »Ich wohne so gern bei euch. Aber«, setzte sie hinzu, »ist es nicht wirklich besser, wenn der Baum links vom Fenster steht statt hinter der Tür?«

»Oma!«, rief Mama. Aber Papa lachte.

Margret Rettich

41. Mein Heinrich

Hinführung: Ein Blick zurück rührt manchmal bis ins Herz. In der Weihnachtszeit dürfen wir uns Zeit lassen, zurückzuschauen.
Vorlesedauer ca. 6 Minuten.

Es war spät am Heiligen Abend. Die Kinder waren endlich eingeschlafen und die Eltern genossen die Stille. Rolf zündete noch einmal die Kerzen am Christbaum an. »Jetzt haben wir Zeit, ihn in Ruhe zu betrachten«, sagte er.

»Jetzt haben wir auch Zeit für unsere Post«, sagte Gesa und brachte viele Briefe und Karten, zwei Päckchen und ein Paket herbei. Sie hielt das Paket prüfend in den Händen: »Für mich. Adressiert an ›Fräulein Gesa Becker‹ und an die Wohnung meiner Eltern. Dabei wohne ich seit zehn Jahren nicht mehr dort und heiße seit zehn Jahren nicht mehr Becker. Mutter hat es nachgeschickt. Ohne Absender.«

Rasch entfernte Gesa Schnur, Packpapier und den Deckel des Kartons, dann hielt sie überrascht inne. »Mein Heinrich!«, sagte sie leise und holte aus viel Zeitungspapier ein seltsames Etwas hervor. Es war ein abgenützter Teddybär, bekleidet mit vielen warmen Kleidungsstücken, mit Socken, mit einem Schal um den Kopf. An den Pfoten war er gestopft und die Schnauze in seinem lieben Gesicht war abgewetzt vom vielen Küssen und Streicheln. Gesa betrachtete ihn zärtlich: »Es ist mein alter, lieber Heinrichbär«, sagte sie erklärend.

»Und woher kommt der so plötzlich?«, fragte Rolf.

»Weiß ich nicht. Vielleicht ist ein Brief dabei.« Gesa setzte Heinrich in den nächsten Sessel und durchsuchte das Papier, während sie weitersprach: »Er könnte von Fräulein Charlotte kommen. Ich hab' ihn ihr geschenkt. Da war ich gerade sieben. Kurz danach sind wir weggezogen und haben die Verbindung verloren. Ich war noch so klein. Ich weiß nicht einmal, wie Fräulein Charlotte mit dem Nachnamen hieß. Ich hatte sie völlig vergessen. Ist schon mehr als zwanzig Jahre her ... Hier ist er!«

Sie zog einen Briefumschlag aus dem Knüllpapier. »An Gesa von Charlotte Frey« stand mit müden Buchstaben darauf und darunter in anderer Handschrift: »Verstorben am 1. Dezember«. Gesa nahm den Brief heraus und las:

»Meine liebe Gesa,

als ich am einsamsten war, hast du mir geschenkt, was du am liebsten hattest, Deinen Heinrich. Er war das Wertvollste, das mir jemals geschenkt wurde, denn er hat mir den Glauben an das Gute im Menschen erhalten, auch wenn ich oft anderes erleben musste. Ich danke dir. – Deine Charlotte Frey.«

Gesa setzte sich neben ihren Mann und erzählte: »Du weißt, dass ich ein sehr einsames Einzelkind war. Vater verbrachte seine wachen Stunden in der Backstube und Mutter die ihren im Laden. Zum dritten Geburtstag bekam ich einen Teddy, den Heinrich. Er wurde mein Freund. Er ersetzte Eltern und Geschwister. Ihm erzählte ich alles. Er tröstete mich. Wir waren Tag und Nacht zusammen. So ging er auch immer mit, wenn ich bei Fräulein Charlotte Flötenstunde hatte. Sie war gelähmt, ältlich und ärmlich und wohnte nicht weit von uns.

Am Heiligen Abend schickte mich meine Mutter mit schön verpacktem Christstollen und Weihnachtsgebäck zu ihr und sagte: ›Eil dich, wir fangen mit der Bescherung an, wenn du zurück bist.‹

Es dämmerte schon. Ich nahm Heinrich mit. In Fräulein Charlottes Wohnung war es sehr dunkel. Ich gab die Sachen ab. Weil es so dunkel war, fragte ich: ›Wann fängt denn bei dir Weihnachten an?‹

›Jetzt gleich.‹ Sie bewegte sich im Rollstuhl zum Tisch, zündete die einzige Kerze an und legte Mutters Päckchen daneben. Das war alles.

Ich war nicht zufrieden. ›Wir singen ›Ihr Kinderlein kommet‹‹, bat ich. Es war mein und Heinrichs Lieblingslied und Singen gehört zu Weihnachten. Wir sangen. Nach dem dritten Vers wollte ich gehen. In Heinrichs Glasaugen spiegelte sich der Schein der einzigen Kerze und an der Wohnungstür flüsterte er: ›Ich will hier bleiben!‹

Ich verstand meinen Heinrich immer – und ohne zu überlegen, ging ich zurück zu der einsamen Frau. ›Er will mit dir Weihnachten feiern‹, sagte ich und setzte ihr meinen lieben Heinrich auf den Schoß. Und lief davon, laut heulend durch die Straßen. Meinen erschrockenen Eltern konnte ich nur sagen: ›Mein Heinrich wollte bei Fräulein Charlotte bleiben. Sie war so allein.‹ Es war ein tränenreiches Weihnachtsfest.«

»Hast du deinen Teddybär später vergessen?«, fragte Rolf nach einer Pause. »Nein, ich habe Heinrich oft besucht. Er saß immer in der rechten Sofaecke. Er freute sich, wenn ich kam, aber er wollte bleiben.«

Nach einer Pause sagte Gesa leise: »Dass ein siebenjähriges Kind spürte, der Mensch neben ihm braucht Trost – und dass es ihn tröstete, auch wenn es ihm bitter wehtat ... Woher kam die Kraft dazu?«

»Von Weihnachten«, sagte Rolf.

Barbara Hug

42. Unterwegs zur Freude

Hinführung: Glauben Sie an einen Engel – unsichtbar an Ihrer Seite – wie ein verlängerter Arm Gottes?

Vorlesedauer ca. 5 Minuten.

Als ich traurig war, ging ich die Freude suchen. Unterwegs traf ich meinen Engel.

»Warum bist du so traurig?«, fragte ich ihn.

»Weil du blind bist!«, antwortete er mir.

»Dann öffne mir die Augen«, bat ich ihn.

Der Engel nahm mich an die Hand und führte mich durch das alltägliche Leben. Durch Häuser und Straßen und Geschäfte.

Ich dachte: »Das kenne ich doch alles. Wo ist denn die Freude?«

Nach einer langen Zeit sagte ich zu meinem Engel: »Ist es noch weit bis zur Freude? Meine Füße sind müde. Mein Herz ist matt. Mein Kopf ist voll Verdruss. Ich kann nicht mehr.«

»Dann ruh dich aus«, sagte mein Engel und bereitete mir ein Lager und ich legte mich hin und schlief.

Als ich aufwachte, fragte ich meinen Engel, ob der Weg denn noch weit sei. Er sagte: »Das kommt auf deine Augen an. Ich kann dich nur führen. Suchen und finden musst du.« Wieder nahm er mich an die Hand und führte mich durch das alltägliche Leben. Ich sah Mühsal und Schmerzen, Angst und Tränen, Hunger und Völlerei. Ich sah den Menschen in seinem Kleinglauben und in seinem Übermut, aber die Freude sah ich nicht.

»Ist es noch weit bis zur Freude?«, fragte ich wiederum, »meine Füße sind müde und mein Herz so traurig wie nie zuvor.«

»Dann ruh dich aus«, sagte mein Engel freundlich und bereitete mir ein Lager. Ich legte mich hin und schlief.

Als ich aufwachte, nahm mich mein Engel wortlos an die Hand, führte mich abseits vom Leben und Treiben der Menschen und setzte sich zu mir unter einen Baum. Es war kalt, aber ich fror nicht. Der Engel war bei mir.

Lange saß ich da und sah, wie aus dem Baum kleine, grüne Spitzen brachen, wie dann der Baum in Blüte stand und endlich Früchte trug und seine Blätter ablegte. Ich spürte den Regen über mein Gesicht laufen und die Sonne brennen; ich dankte dem Baum für Schatten und Schutz, den er mir schenkte. Ich sah Gräser wachsen und kleine, wilde Blumen erblühen. Ich sah Tiere eifrig ihr Nest bauen und Vorräte anlegen, sah sie emsig arbeiten und ruhen.

Ich sah die Sonne aufgehen und untergehen und abgelöst werden vom milden Licht des Mondes. Ich spürte die Wohltat der Nacht, in der alles dunkel und leise und geheimnisvoll ist; spürte die Wohltat des Tages mit seiner lebensvollen Geschäftigkeit, seinen Geräuschen und seinen Begierden nach Lust und Weh.

»Es ist schön hier«, sagte ich zu meinem Engel, »lass mich sterben, ich möchte nicht zurück in das alltägliche Leben, auf Straßen und Plätze, in das Geschrei der Menge. Lass mich sterben, denn die Freude habe ich auch hier nicht gefunden; ohne Freude aber möchte ich nicht leben.«

»Warte«, sagte mein Engel und er gab mir Lehm in die Hände, »forme daraus, was du suchst. Vielleicht vergaß Gott, dir Freude zu schaffen. Schaffe du sie für ihn!«

Ich nahm den Lehm und formte daraus einen Baum und einen Engel und setzte ein Kind dazu, das selbstvergessen und mit Hingabe etwas tat. Als ich das Menschenkind erblickte, sah ich, dass es sich freute.

»Wer ist dieses Kind?«, fragte ich erstaunt meinen Engel. Der aber küsste mich behutsam auf meine Augen und ich erkannte – mich selbst in dem Kind.

»Bringe mich zurück. Dahin, wo ich wohne«, bat ich, »ich möchte aufs Neue mein Leben beginnen, möchte es empfangen wie ein Kind und mich freuen an jedem Tag, den Gott werden lässt.«

»Warte«, sagte mein Engel, »du hast dein Geheimnis entdeckt. Die

Freude ist deshalb so schwer zu finden, weil sie tiefer reicht als die Schwermut, die alles überwuchert. Die meisten Menschen flüchten vor der Traurigkeit, statt ihr standzuhalten *und sie zu durchschreiten*. Die Freude ist ein Kind der Einfachheit, des Blickes für die kleinen Wunder und Geschenke am Wege und ein Kind der Demut. Nur wer das in sich vereinigt, kann sie finden.«

»Ich danke dir, lieber Engel«, sagte ich, »immer wenn ich traurig bin, will ich daran denken.« Wir lachten uns zu, ich ging frohen Herzens an meine alltägliche Arbeit.

Ellen Bucher

43. Brief des alten Vaters

Hinführung: In anderen Kulturen werden alte Menschen mehr geschätzt als bei uns. Die Weisheit des Alters, der Blick für das Wesentliche könnten auch uns manche Sackgassen ersparen. – Wir hören aus einem Brief, den ein alter Mann seiner Tochter zum Advent schrieb. Wer guten Willens ist, kann einiges überhören – sich aber auch einiges sagen lassen.
Vorlesedauer ca. 4 Minuten.

Mein liebes Kind, ich bin ein alter Mann, der schon am Rande der Welt steht und ein wenig über ihre Wichtigtuerei und Torheit lächelt. Ich greife nicht mehr gern in das Leben der Jungen ein, weil ich weiß, dass ihr jungen Leute das nicht so sehr mögt. Aber du bist mein Kind! Dir muss ich noch einen Brief schreiben.

Meine liebe Marion, du musst lernen, Advent zu feiern! Es ist nicht damit getan, dass wir schnell eine Kerze anzünden, um sie dann wieder auszublasen. Wir müssen lernen, still zu sein, denn dann können wir zu uns selbst und vor allem zu Gott finden. Wenn wir dazu in der Adventszeit nicht kommen, dann lernen wir es nie, richtig Weihnachten zu feiern. So wie es bei euch im vergangenen Jahr war, darf es jedenfalls nicht mehr werden.

Weißt du noch, wie es war? Du hast wochenlang vor dem Fest hektisch gearbeitet. Die Kinder wurden in den Kindergarten gebracht; für deinen Mann hattest du keine Zeit, wenn er abends nach Hause kam. Er machte sich sein Essen warm und ging dann wieder fort, um in seinem Verein für die Weihnachtsfeier zu üben. Dann brachtest du die Kinder zu Bett, alles in Eile und ohne rechte Liebe. Du hast geputzt, gewaschen und gebügelt; ständig plärrte das Radio oder der Fernseher. Dann gingst du ins Bett. Das war eure Adventszeit.

Sonntags habt ihr daheim gearbeitet. Ihr machtet unzählige Geschenkpäckchen; dann seid ihr ausgegangen. Die Kinder waren meist allein. Ich schätze, ihr habt den Freunden und Verwandten viele Geschenke gemacht. Aber ist das der Sinn der Sache? Habt ihr nie bedacht, wer das alles bezahlt? – Eure Kinder und – verzeiht einem alten Mann das Wort – eure Seelen.

Stolz zeigtet ihr dann, was ihr euch »geschenkt« hattet, als ich am Heiligen Abend zu euch kam: die Stereoanlage, die Anzüge und Kleider. Nun gut, manches muss sein, aber ist das alles, was euch Weihnachten bedeutet? Ihr habt kein einziges Mal in der Bibel gelesen, habt euch nicht einmal gedanklich auf das große Fest einstimmen lassen, nicht ein einziges Lied habt ihr gesungen. Dafür sangen CD's für euch und gebetet hat der Pfarrer im Fernsehgottesdienst. – Ich sagte damals zu alledem nichts. Ich dachte nur immer: »Täusche ich mich oder ist es wahr? Draußen haben sie alles, aber innen haben sie nichts.« Draußen haben sie alles, aber innen haben sie nichts.«

Sieh, mein Kind, ich musste auch erst den Tingeltangel, den die Menschen um die Adventszeit machen, Stück für Stück loswerden, bevor ich lernte, zu feiern und glücklich zu sein. Ich schreibe dir heute, weil ich gern möchte, dass du auch glücklich wirst. Aber dazu musst du ein paar Entscheidungen treffen und musst einige Dinge wieder in die Mitte des Lebens rücken.

Bitte hör auf einen alten Mann: Arbeite nicht so viel! Ihr habt genug zum Leben. Gib die Kinder nicht so oft aus der Hand, du verlierst sie sonst! Die Hauptsache, du gewinnst Zeit für deine Kinder, für deinen Mann und – für Gott! Ich glaube daran, dass Jesus eines Tages wiederkommen wird. Was hast du dann, wenn du all die vielen Dinge besitzt und hast Christus nicht?

Vielleicht verstehst du mich. Vielleicht denkst du aber auch, ich sei eben ein alter Mann. Das bin ich ja auch gern. Aber nimm mir das Eine wenigstens ab, dass man unterscheiden muss zwischen dem Glück und dem Schein. ... dass man unterscheiden muss zwischen dem Glück und dem Schein. Das wünsche ich euch zum Advent und an Weihnachten.

»Brief des alten Vaters«, Aktion Leben

44. Märchen vom Auszug aller Ausländer

Hinführung: Der Rechtsextremismus in unserem Land hat in dieser brutalen Form doch überrascht. Welches Menschenbild, das Menschen aufgrund ihrer Hautfarbe, ihrer Behinderung oder ihrer sozialen Stellung verachtet! Und wie wenig durchdacht, wenn wir uns folgende Geschichte zu Herzen nehmen.

Vorlesedauer ca. 4 Minuten.

Es war einmal, etwa drei Tage vor Weihnachen, spät abends. Über den Marktplatz der kleinen Stadt kamen ein paar Männer gezogen. Sie blieben an der Kirche stehen und sprühten auf die Mauer »Ausländer raus« und »Deutschland den Deutschen«. Steine flogen in das Fenster des türkischen Ladens. Dann zog die Horde ab. Gespenstische Ruhe. Die Gardinen an den Bürgerhäusern waren schnell wieder zugefallen. Niemand hatte etwas gesehen.

»Los, kommt, es reicht, wir gehen!«

»Wo denkst du hin! Was sollen wir denn da unten im Süden?« »Da unten? Das ist immerhin unsere Heimat. Hier wird es immer schlimmer. Wir tun, was an der Wand steht: ›Ausländer raus!‹ »

Tatsächlich, mitten in der Nacht kam Bewegung in die kleine Stadt. Die Türen der Geschäfte sprangen auf: Zuerst kamen die Kakaopäckchen, die Schokoladen und Pralinen in ihren Weihnachtsverkleidungen. Sie wollten nach Ghana und Westafrika, denn da waren sie zu Hause. Dann der Kaffee, palettenweise, der Deutschen Lieblingsgetränk! Uganda, Kenia und Lateinamerika waren seine Heimat. Ananas und Bananen räumten ihre Kisten, auch die Trauben und Erdbeeren aus Südafrika. Fast alle Weihnachtsleckereien brachen auf, Pfeffernüsse, Spekulatius und Zimtsterne, die Gewürze in ihrem Innern zog es nach Indien. Der Dresdner Christstollen zögerte. Man sah Tränen in seinen Rosinenaugen, als er zugab: Mischlingen wie mir geht's besonders an den Kragen. Mit ihm kamen das Lübecker Marzipan und der Nürnberger Lebkuchen. Nicht Qualität, nur Herkunft zählte jetzt.

Der Verkehr brach an diesem Tag zusammen. Lange Schlangen japanischer Autos, voll gestopft mit Optik und Unterhaltungselektronik, krochen gen Osten. Am Himmel sah man die Weihnachtsgänse nach Polen fliegen, auf ihrer Bahn gefolgt von den feinen Seidenhemden und Teppichen des fernen Asiens. Man musste sich vorsehen, um nicht auszurutschen, denn von überall her quollen Öl und Benzin hervor, flossen aus Rinnsalen zu Bächen zusammen in Richtung Naher Osten. Aber man hatte ja Vorsorge getroffen! Stolz holten die großen deutschen Autofirmen ihre Krisenpläne aus den Schubläden: Der Holzvergaser war ganz neu aufgelegt worden. Wozu ausländisches Öl?! – Aber die VWs und die BMWs begannen sich aufzulösen in ihre Einzelteile, das Aluminium wanderte nach Jamaika, das Kupfer nach Somalia, ein Drittel der Eisenteile nach Brasilien, der Naturkautschuk nach Zaire. Und die Straßendecke hatte mit dem ausländischen Asphalt im Verbund auch immer ein besseres Bild abgegeben als heute.

Nach drei Tagen war der Spuk vorbei, der Auszug geschafft, gerade rechtzeitig zum Weihnachtsfest. Nichts Ausländisches war mehr im Land. Aber Tannenbäume gab es noch, auch Äpfel und Nüsse. Und »Stille Nacht« durfte gesungen werden – zwar nur mit Extragenehmigung, denn das Lied kam aus Österreich.

Nur eines wollte nicht ins Bild passen. Maria, Josef und das Kind waren geblieben. Drei Juden. Ausgerechnet. »Wir bleiben«, sagte Maria, »wenn wir aus diesem Lande gehen – wer will ihnen dann noch den Weg zurück zeigen, den Weg zurück zur Vernunft – und zur Menschlichkeit?«

Helmut Wöllenstein

45. Weihnachtliche Lehrstunde

Hinführung: Manchmal brauchen auch jüngere Leute einen Rippenstoß durch die Weisheit eines älteren Menschen.
Vorlesedauer ca. 4 Minuten.

Die junge Frau war glücklich. Sie hatte vor wenigen Stunden ihr erstes Kind zur Welt gebracht und es war gesund. Ihr Mann besuchte sie mit einem riesigen Blumenstrauß und viel Zärtlichkeit und Stolz. Kurz darauf kamen die Eltern und brachten die Großmutter mit, die sich über ihren ersten Urenkel freute.

Wie eine Regentin thronte die Wöchnerin zwischen Blumen und Geschenken und genoss es sichtlich, so verwöhnt zu werden. Beim fröhlichen Geplauder fiel der Blick ihrer Mutter plötzlich auf das Nachbarbett, in dem nichts als ein schwarzer Haarschopf zu sehen war. Die Tochter bemerkte das und sagte leise: »Eine Asylantin. Spricht kein Wort. Schläft immer. Nur wenn ihr das Kind angelegt wird, kommt sie hoch. Und dann weint sie.«

Die Großmutter schaute sehr ernst: »In welchem Tonfall du schon ›Asylantin‹ sagst. Das gefällt mir nicht. Sie ist doch eine Mutter genau wie du.«

»Ja, schon«, erwiderte die junge Mutter und errötete leicht, »aber verstehst du nicht, wie bedrückend es ist, ausgerechnet neben ihr zu liegen?«

»Ich bin sicher, dass es für sie noch wesentlich bedrückender ist. Allein in einem fremden Land, dessen Sprache man nicht versteht und ohne jede Hoffnung. Es ist noch keine fünfzig Jahre her, da war ich auf der Flucht, kam ohne Geld in der Fremde in die Klinik und brachte deine Mutter zur Welt. Was meinst du, wie das ist, wenn man ein Kind, aber keine Bleibe hat? Mir war damals jedenfalls mehr zum Heulen zumute als zur Freude. Hätten sich Einheimische, denen es nebenbei gar nicht viel besser ging, nicht um mich gekümmert und mir Mut gemacht, ich weiß nicht, was aus mir und deiner Mutter geworden wäre.«

»Aber man kann doch nicht einmal mit ihr sprechen«, sagte die junge Mutter.

»Mitgefühl kann man auch ohne Worte zeigen«, erwiderte die alte Frau. Sie nahm den Blumenstrauß und den Strampelanzug, den sie eigentlich der Enkelin mitgebracht hatte, und trat an das Bett der Fremden. Leise berührte sie ihre Schulter. Die Frau fuhr herum. Sie hatte gar nicht geschlafen, sondern sich nur versteckt gehalten vor dieser feindlichen Welt. Voller Angst und Misstrauen war der Blick aus diesen dunklen Augen. Die alte Frau aber lächelte und legte ihr den Blumenstrauß in die Hand. »Seien Sie nicht traurig. Sie haben ein Kind, das die Mutter braucht«, sagte sie. Und wenn die Fremde auch kein Wort verstand, so hörte sie doch den warmen Ton in der Stimme und entspannte sich. Die alte Frau strich ihr liebevoll über die Wange und breitete das Strampelhöschen vor ihr aus. »Meine Enkelin hat schon genug davon; ihr Kind wird es nötiger brauchen.«

Da lächelte die Fremde das erste Mal. Die Großmutter nickte ihr noch einmal zu und ging wieder ans Bett der Enkelin. »Wer selbst einmal ein Fremder war, wird nie vergessen, wie einsam man sich fühlen kann. Eine kleine Geste kann das schon bewirken ...«

Als der Besuch gegangen war, sah die junge Frau zur Nachbarin herüber. Die hatte ihre Augen geöffnet und erwiderte den Blick.

Als wenig später die Kinder gebracht wurden, nahm die Fremde ihr Kind ein wenig hoch und hielt es ihrer Nachbarin entgegen. Auch die hob ihr Kind hoch und zeigte es der anderen. Und da verstanden sie sich auch ohne Worte: Sie hatten beide das niedlichste Baby der Welt.

Lotte Brügmann-Eberhardt

46. Die drei sonderbaren Gaben

Hinführung: Der Glanz von Gold, Weihrauch und Myrrhe – die Gaben der Sterndeuter – passen nicht in einen Stall. Dazu gibt es eine Geschichte, die uns die Augen für das Kind in der armseligen Krippe öffnen kann. *Vorlesedauer ca. 8 Minuten.*

Kaum hatten die drei vornehmen Gäste aus dem Morgenland, die gekommen waren anzubeten und dem Kind ihre Gaben zu bringen, auf höheren Befehl Bethlehem verlassen, nahten sich drei andere Gestalten. Sie kamen ohne Gefolge, unauffällig und unansehnlich. Ihr Gang war schleppend, mühsam setzten sie Schritt vor Schritt. Ihre müden Gesichter waren so sehr vom Staub bedeckt, dass man ihre Farbe kaum erkennen konnte. Waren sie gelb, braun, schwarz oder weiß?

Der Erste von ihnen ging in Lumpen einher und schaute hungrig und durstig umher. Hohle Augen, die zu viel Leid gesehen hatten, saßen in tiefen Höhlen. Der Zweite ging vornüber geneigt. Er trug an den Händen Ketten. Vom langen Tragen und von der weiten Reise war er wund gescheuert an Händen und Füßen. Der Dritte hatte wirre Haare, verzweifelte Augen und einen unsteten und suchenden Blick, als ob er nach etwas Verlorenem Ausschau hielte.

Die Leute, die um das Haus des Neugeborenen herumstanden, waren schon vielerlei Besucher gewohnt. Dennoch wichen sie scheu zurück, als sie diese drei Gestalten sich nahen sahen. Sie waren zwar selber lauter arme, unvermögende Leute – aber so elend und verwahrlost wie sie sah doch keiner von ihnen aus. Sie rückten scheu und unwillig zusammen und schienen beinahe einen Gürtel um das Haus zu legen, um die Drei am Eintritt zu hindern.

Auch sahen sie, dass sie nichts bei sich trugen, das sie als Gabe hätten abgeben können. Waren sie etwa gekommen, um etwas zu holen? Mancher dachte an das Gold, das von den eben Weggezogenen im Haus niedergelegt worden war. Jeder hatte davon erzählen hören. Hatten vielleicht auch diese etwas vom Gold vernommen? Immer stärkeres Gemurmel erhob sich gegen die seltsamen Ankömmlinge.

Da wurde von innen die Türe geöffnet. Josef trat heraus. Einige riefen ihm empört zu, dass schlechtes Gesindel zum Kind kommen möchte, was er doch gewiss nicht zulassen könne. Er beschwichtigte sie und sprach: »Zu diesem Kind hat jedermann Zutritt – arm oder reich, elend oder vornehm, anständig oder verdächtig. Es gehört niemandem allein. Nicht einmal uns, seinen Eltern. Lasst sie herein!«

Verwundert über die Worte Josefs bahnte man den Dreien eine schmale Gasse. Er führte sie hinein. Die Türe blieb offen. Wer konnte, drängte sich hinzu, um die seltsame Begegnung von nahem mitzuerleben. Einigen wenigen wurde bewusst, dass sie vor kurzem ebenso armselig vor das Kind getreten waren.

Nun standen die Drei vor der Krippe und betrachteten lange und stumm das Kind. Bei diesem Anblick wusste keiner mehr, wer ärmer war: das Kind auf dem Strohlager oder seine Betrachter. Alle schienen in dieselbe Niedrigkeit eingetaucht und eingeschmolzen zu sein – der in den Lumpen, der mit der Kette, der mit dem traurigen Blick und das Kind.

Da brach Josef das Schweigen. Er fühlte, dass er der am reichsten Beschenkte war, und es drängte ihn, seinen großen Dank für das Empfangene nun auch diese Armseligen spüren zu lassen. In einer Nische der Wand neben der Krippe leuchteten die drei Gaben, welche die vornehmen Besucher hingelegt hatten. Er hob sie auf und streckte sie den Fremden entgegen: dem Zerlumpten das Gold, dem Gefesselten die Myrrhensalbe und dem Traurigen den Weihrauch. Und er sprach zum Ersten: »So wie ich es ansehe, bedarfst du am ehesten des Goldes. Kaufe dir damit Nahrung und Kleider. Ich habe einen Beruf und werde meine Familie auch ohne Gold ernähren können.«

Und zum Zweiten sprach er: »Ich kann dir zwar deine Ketten nicht abnehmen, aber siehe, diese Salbe wird deinen geschundenen Händen und Füßen wohl tun.«

Und zum Dritten sprach er: »Nimm diesen Weihrauch. Sein Wohlgeruch wird deine Trauer zwar nicht vertreiben, aber veredeln und deine Seele erquicken.«

Alles geriet in Bewegung. »Er verschenkt alles, was er an Kostbarem für das Kind erhalten hat!«, flüsterten sich alle zu und konnten angesichts der drei Elenden solche Sorglosigkeit fast nicht verstehen. Grenzte diese Verschwendung nicht an Beraubung des Kindes? Doch die Drei schüttelten einmütig Hände und Köpfe.

Der Erste antwortete: »Ich danke dir für dein großes Angebot. Aber sieh mich an! Wer bei mir Gold findet, wird mich sogleich als Dieb verdächtigen. Ich habe für andere Gold aus der Erde gegraben und es selber nie besessen. Behalte es für dein Kind. Du wirst es bald brauchen können und dir wird man es ohne Misstrauen abnehmen.«

Der Zweite antwortete: »Ich habe mich an meine Wunden gewöhnt. Ich bin an ihnen zäh und stark geworden. Behalte die Myrrhe für dein Kind. Wenn es geschundene Hände und Füße haben wird, kann sie ihm helfen.«

Der Dritte antwortete: »Ich komme aus der Welt der Religionen und Philosophien. Ich bin an ihnen irre geworden. Ich glaube nichts mehr.

In der Wüste des Denkens habe ich Gott verloren. Was soll mir da der Weihrauch? Er würde nur meine Zweifel umnebeln. In seinem blauen religiösen Dunst würde er mir nur leere Bilder vorgaukeln. Aber er könnte mir Gott nicht ersetzen.«

Alle entsetzten sich über diese Worte und über die Rückweisung der Geschenke. Auch Maria und Josef bedeckten ihre Gesichter mit den Händen. Nur das Kind lag da mit offenen Augen. Die Drei traten ganz nahe zu ihm hin und sprachen: »Du bist nicht aus der Welt des Goldes, der Myrrhe und des Weihrauchs – so wenig wie wir. Du gehörst in unsere Welt der Not, der Plage und des Zweifels. Darum bringen wir dir dar, was uns und dir gemeinsam ist.«

Der Erste nahm einige seiner Lumpen und legte sie auf das Stroh. Und er sprach: »Nimm meine Lumpen. Du wirst sie einst tragen, wenn sie dir deine Kleider nehmen und du allein und nackt sein wirst. Gedenke dann meiner.«

Der Zweite nahm eine seiner Ketten und legte sie ihm neben die Hand. »Nimm meine Fesseln. Sie werden dir passen, wenn du älter sein wirst. Man wird sie dir einst umlegen, wenn man dich wegführt. Denke dann an mich.«

Der Dritte beugte sich tief über das Kind und sprach: »Nimm meinen Zweifel und meine Gottverlassenheit. Ich habe sonst nichts. Ich kann sie allein nicht tragen. Sie sind mir zu schwer. Teile sie mit mir. Nimm sie ganz in dich auf, schreie sie aus und trage sie vor Gott hin, wenn du so weit sein wirst.«

Tief erschrocken hielt Maria die Hände abwehrend über das Kind. Lautes Gemurmel drang durch das Haus und durch die Türe: »Jagt sie fort! Sie legen einen Fluch auf das Kind!«

Josef griff in die Krippe, um Lumpen und Fesseln von ihm wegzunehmen. Aber sie ließen sich nicht aufheben. Es war, als ob sie mit dem Kind verwachsen wären. Das Kind aber lag da mit offenen Augen und Ohren zu den drei Männern hingewendet.

Nach langem Schweigen erhoben sie sich. Sie streckten sich aus, als ob etwas Schweres von ihnen gefallen wäre. Sie hatten den Ort gefunden, wo sie ihre Last hatten niederlegen können. Sie wussten, dass bei diesem Kind alles in treuen Händen bewahrt und bis zuletzt durchgehalten würde: die Not, die Plage und die Gottverlassenheit. Mit zuversichtlichem Blick und festem Schritt traten sie aus dem Haus, hinaus in ihr begrenztes und mitgetragenes Elend. *Werner Reiser*

47. Die Kupfermünze

Hinführung: Allein in der Ferne – und das Weihnachtsfest nähert sich ... Doch auch hier gibt es nicht wenige, die an Heiligabend in ihrer Einsamkeit weinen.

Vorlesedauer ca. 4 Minuten.

Einmal habe ich eine Zeit lang in China gelebt. Ich war im Frühling in Shanghai angekommen und die Hitze war mörderisch. Die Kanäle stanken zum Himmel und immer war der ranzige, üble Geruch von Sojabohnenöl in der Luft. Ich konnte und konnte mich nicht eingewöhnen. Neben Wolkenkratzern lagen Lehmhütten, vor denen nackte Kinder im Schmutz spielten. Nachts zirpten die Zikaden im Garten und ließen mich nicht einschlafen. Im Herbst kam der Taifun und der Regen stand wie eine gläserne Wand vor den Fenstern. Ich hatte Heimweh nach Europa. Hier war niemand, mit dem ich befreundet war und der sich darum kümmerte, wie mir zumute war. Ich kam mir ganz verloren vor in diesem Meer von fremden, gelben Gesichtern. Und dann kam Weihnachten. Ich wohnte bei Europäern, die chinesische Diener hatten. Der Oberste von ihnen war der Koch Ta-tse-fu, der große Herr der Küche. Er radebrechte Deutsch und war der Dolmetscher zwischen mir und dem Zimmer-Kuli, dem Ofen-Kuli, dem Wäsche-Kuli und was es eben noch so an Dienerschaft im Hause gab.

Am Heiligen Abend, ich saß wieder einmal verheult in meinem Zimmer, überreichte mir der Ta-tse-fu ein Geschenk. Es war eine chinesische Kupfermünze mit einem Loch in der Mitte. Und durch das Loch waren viele bunte Wollfäden gezogen und dann zu einem Zopf zusammengeflochten.

»Ein sehr altes Münze«, sagte der Koch feierlich. »Und die Wollfäden gehören auch dir. Die Wollfäden sind von mir und meiner Frau und von Zimmer-Kuli und sein Schwester und von Eltern und Bruder von Ofen-Kuli – von uns allen sind die Wollfäden.«

Ich bedankte mich sehr. Es war ein merkwürdiges Geschenk – und noch viel merkwürdiger, als ich zuerst dachte. Denn als ich die Münze mit ihrem bunten Wollzopf einem Bekannten zeigte, der seit Jahren in China lebte, erklärte er mir, was es damit für eine Bewandtnis hatte: Jeder Wollfaden war eine Stunde des Glücks. Der Koch war zu seinen Freunden gegangen und hatte sie gefragt: »Willst du von dem Glück, das dir für dein Leben vorausbestimmt ist, eine Stunde abtreten?« Und Ofen-Kuli und Zimmer-Kuli und ihre Verwandten hatten für mich, für die fremde Europäerin, einen Wollfaden gegeben, als Zeichen, dass sie mir von ihrem eigenen Glück eine Stunde des Glücks schenkten. Es war ein großes Opfer, das sie brachten. Denn wenn sie auch bereit waren, auf eine Stunde des Glücks zu meinen Gunsten zu verzichten – es lag nicht in ihrer Macht zu bestimmen, welche Stunde aus ihrem Leben es sein würde. Das Schicksal würde entscheiden, ob sie die Glücksstunde abtraten, in der ihnen ein reicher Verwandter sein Hab und Gut verschrieben hätte, oder ob es nur eine der vielen Stunden sein würde, in der sie glücklich bei Reiswein saßen; ob sie die Glücksstunde wegschenkten, in der das Auto, das sie sonst überfahren hätte, noch rechtzeitig bremste – oder die Stunde, in der das junge Mädchen vermählt worden wäre. Blindlings und doch mit weit offenen Augen machten sie mir, der Fremden, einen Teil ihres Lebens zum Geschenk.

Nun ja, die Chinesen sind abergläubisch. Aber ich habe nie wieder ein Weihnachtsgeschenk bekommen, das sich mit diesem hätte vergleichen lassen. Von diesem Tag an habe ich mich in China zu Hause gefühlt. Und die Münze mit dem bunten Wollzopf hat mich jahrelang begleitet. Eines Tages lernte ich jemanden kennen, der noch übler dran war als ich damals in Shanghai. Und da habe ich einen Wollfaden genomme[illegible] geknüpft – und habe die Münze weitergegeben[illegible]

Joe Federer

48. D[illegible] E

Hin[illegible] Herbergssuche« ein lebendiger Brauch in
Ber[illegible] as. Eine Marien-Ikone wird von Tür zu Tür
geb[illegible] cht beherbergt zu werden. Ob Maria mit
ihr[illegible] lie Aufnahme verweigert wird?
Vo[illegible]

I[illegible] gdorf war die Herbergssuche ein leben-
[illegible] huhmacher trug das kleine Dorfheilig-
tum z[illegible] und sagte den uralten Spruch:
»D[illegible] en steht,
di[illegible] erg' fleht.
L[illegible] in!
Si[illegible] n Schein!«
D[illegible] die Nachbarin antwortete:
»[illegible],
n[illegible] meine Wohnung ein.
V[illegible] ganzem Herzen.
V[illegible]
i[illegible] n.«
[illegible] ästlein an, in dem Maria und Josef mit ih-
rem[illegible] sehen war. Der Schuhmacher verabschie-

48. [illegible]

dete sich: »Und seid so gut und tragt es morgen weiter – am besten gleich zum Tischler. Denn der Holzfäller nebenan ist ja ein Sonderling, der alle meidet und nicht mal an Weihnachten zur Kirche geht!« Und die Frau bestätigte: »Ja, so haben wir es ja schon die letzten Jahre gemacht.«

Ihr Kind, die Bärbel, ist jetzt acht Jahre alt und damit nicht einverstanden: »So schlecht kann der Holzfäller doch gar nicht sein, Mutter, dass er Maria und Josef nicht hereinließe. Und wenn Jesus heute über die Erde ginge, würde er doch gerade an seiner Tür anklopfen!«

»Du weißt doch«, sagt die Mutter ablehnend, »er hat einen Menschen mit der Axt erschlagen und jahrelang im Zuchthaus gesessen. Was meinst du, was los ist, wenn er das kleine Dorfheiligtum in Stücke schlägt!«

Aber wie das so ist, Kinder können sich durchsetzen – nicht erst mit acht Jahren. Schweren Herzens stimmt die Mutter schließlich zu.

Bärbel hat einen unruhigen Schlaf. Sie hat ja auch Angst vor diesem finsteren Mann, wenn er mit der Axt auf der Schulter aus dem Walde kommt; alle Kinder laufen vor ihm weg …

Am nächsten Abend nimmt sie allen Mut zusammen und pocht tapfer gegen die Holztür. Schwere Schritte nähern sich, ein Riegel knarrt, und eine barsche Stimme ruft: »Wer da? Ich lasse niemand ein!«

Bärbel holt tief Luft und sagt:

»Die heilige Jungfrau draußen steht,
die mit Sankt Josef um Herberg' fleht.
Lasst sie in eure Wohnung ein!
Sie bringen mit aller Gnaden Schein!«

Die Tür geht auf. »Was soll das? Geh ein Haus weiter – wie in den letzten Jahren!«

»Aber man darf die heilige Jungfrau nicht von der Tür weisen!«, mahnt Bärbel, »und … und außerdem braucht Ihr den Heiland ganz besonders!«

»Ja?«, fragt die Stimme mit drohendem Unterton, »haben sie dir auch die Ohren vollgehängt mit dem Mörder und Zuchthäusler? Und es ist sogar wahr, was die Leute schwätzen! Ich habe einen Menschen mit der Axt erschlagen! Jetzt wagst du dich nicht hinein!«

Bärbel verschlägt es die Sprache. Sie weiß nicht, ob sie die Herbergssucher hält oder die kleine Glasvitrine sie. Doch dann sagt sie tapfer, während sie vorwärts in das dunkle Loch geht: »Der Herr hat am Kreuz noch einem Räuber und Mörder verziehen!«

Als sich ihre Augen an das schwache Licht in der Stube gewöhnt haben, wundert sie sich: »Aber da hängt ja ein Kreuz an der Wand! Ihr könnt so schlecht nicht sein.«

Der Holzfäller antwortet mit einer noch barscheren Stimme: »Es ist noch von meiner Mutter. Ich hab' vergessen, es fortzutun.«

»Das ist nicht wahr!«, entgegnet die Bärbel, stellt das Dorfheiligtum mitten in die Unordnung und sagt noch: »Und vergesst nicht: Ein Licht soll die ganze Nacht davor brennen!« In dieses flackernde Kerzenlicht schaut der Holzfäller bis in den Morgen. Sein ganzes Leben zieht an seinen Augen vorbei: Den Vater hat er nie gekannt. Mit der Mutter hat er immer auf diesen Brauch im Advent gewartet. Er kennt den Spruch noch ganz genau. Die Mutter starb früh. Dann heiratete er das lustigste und schönste Mädchen des Dorfes. Keiner war glücklicher als er. Auf das Geraune der Leute gab er nichts, bis er sie eines Tages auf frischer Tat ertappte. In seiner Wut erschlug er den Zerstörer seines Glückes mit der Axt. Zehn Jahre saß er im Zuchthaus. Als er zurückkam, verschlossen sich vor ihm alle Türen, selbst die Kinder liefen vor ihm weg. Da war in seinem Herzen nur noch Wut, Verzweiflung, Bitterkeit, Enttäuschung. Da blieb kein Platz mehr für Gott. Aber jetzt spürte er, wie »aller Gnaden Schein« sein Herz mächtig bedrängte. Er stand auf und suchte die alte Bibel. Er blätterte darin herum. Gibt es einen Zufall? Er fand die Stelle, an der es heißt: »Das Volk, das im Finstern wandelt, sieht ein großes Licht ... Denn ein Kind ist uns geboren, ein Sohn ist uns geschenkt. Sein Name ist: Wunderbarer Ratgeber, Friedensfürst.«

Am nächsten Abend pocht es an der Tür des Tischlers. Als die Tür sich öffnet, sagt der Holzfäller:

»Die heilige Jungfrau draußen steht,
die mit Sankt Josef um Herberg' fleht.
Lasst sie in eure Wohnung ein!
Sie bringen mit aller Gnaden Schein!«

Es sprach sich blitzschnell im Dorf herum, dass er die Herbergssucher zum Nachbarn getragen und den frommen Spruch ohne Stottern aufgesagt hatte. Jetzt sprachen die Leute plötzlich anders: »Vielleicht sei er doch nicht so schlecht; man müsse ja auch bedenken, warum er damals die schreckliche Tat begangen habe.«

Sie begannen ihn wieder zu grüßen. Und weil die Erwachsenen sich änderten, liefen auch bald die Kinder nicht mehr vor ihm fort. Wer will ausschließen, dass in seinem Herzen nicht auch bald Platz ist für den Frieden, den das Kind in der Krippe allen versprochen hat, die guten Willens sind?

Wilhelm Hünermann

49. Versöhnung ist möglich

Hinführung: Die folgende Geschichte ist wahr, nachprüfbar wahr. Unverständlicherweise ist sie in Amerika viel bekannter als bei uns.
Vorlesedauer ca. 8 Minuten.

Herbst 1944. Viele am Rhein dachten, der Krieg geht zu Ende. Kaum jemand fürchtete die alliierte Invasion: Je früher, desto besser. Darum holte der Bäckermeister Vincken seine ausgebombte Familie, seine Frau und den zwölfjährigen Sohn Fritz, in seine Nähe in die Ardennen, wo er dienstverpflichtet war, um für die Wehrmacht Brot zu backen. Auf einem Kübelwagen brachte er die beiden nach stundenlanger Nachtfahrt den Amerikanern entgegen in eine leerstehende Baracke, die versteckt in einer Lichtung stand.

Aber die Front versteifte sich. Im Dezember kam es sogar zu einer Gegenoffensive. Tief eingeschneit harrten die zwei nach wie vor in der Hütte aus. Dem Vater fiel es aber immer schwerer, seine Familie zu versorgen. So kam der Heilige Abend 1944. Sein Sohn Fritz hat später aufgeschrieben, was damals geschah:

Wir hörten den ganzen Tag das dumpfe Dröhnen alliierter Kampfflugzeuge. Es war bitterkalt. Mutter bereitete am Ofen im spärlichen Licht einer Kerze eine Hühnersuppe. Vater war unterwegs, um zu organisieren. Auf einmal klopfte es an die Tür. Erschrocken zuckte ich zusammen und sah, wie Mutter hastig die Kerze ausblies. Es klopfte wieder. Wir fassten uns ein Herz und machten auf. Draußen standen zwei Männer mit Stahlhelmen. Einer sprach in einer fremden Sprache und zeigte auf einen Dritten, der im Schnee lag. Wir begriffen: Diese Männer sind amerikanische Soldaten. Mutter stand regungslos neben mir. Sie waren bewaffnet und hätten ihr Eintreten erzwingen können, doch sie standen da und fragten mit den Augen. Der im Schnee Sitzende schien mehr tot als lebendig.

»Kommt rein!«, sagte Mutter mit einer einladenden Geste. Einer von ihnen konnte sich mit meiner Mutter auf Französisch verständlich machen. Mutter kümmerte sich nun um den Verwundeten. Am Ofen sitzend wich die Kälte von ihnen. Die Lebensgeister stellten sich wieder ein. Die Drei waren Versprengte, hatten ihre Einheit verloren und waren seit Tagen im Wald umhergeirrt.

Mutter trug mir auf: »Geh, bring noch sechs Kartoffeln.« Sie zündete eine zweite Kerze an und schnitt die gewaschenen, ungeschälten Erdäpfel in die Suppe hinein. Sie zu schälen, wäre damals Verschwendung gewesen. Der Verwundete hatte viel geblutet und lag teilnahmslos und still. Mutters Suppe verbreitete einen einladenden Duft. Ich war gerade dabei, den Tisch zu decken, da klopfte es wieder an die Tür. Ich erwartete weitere versprengte Amerikaner und öffnete ohne Zaudern.

Es waren Soldaten, vier Mann, und alle bis an die Zähne bewaffnet. Die Uniform war mir vertraut. Das waren unsere Soldaten der Wehrmacht. Ich war vor Schreck wie gelähmt. Obschon ein Kind, wusste ich: »Wer den Feind begünstigt, wird erschossen!« War das unser Ende?

Mutter trat heraus. Ihre gefasste Stimme beruhigte mich etwas: »Ihr bringt eisige Kälte mit, wollt ihr mit uns essen?«, entfuhr es ihr. Damit hatte sie den richtigen Ton gefunden. Die Soldaten grüßten freundlich und waren sichtlich froh, am Heiligabend im Grenzland der Ardennen zwischen den Fronten Landsleute gefunden zu haben. »Dürfen wir uns etwas aufwärmen?«, fragte der Rangälteste, ein Unteroffizier. »Vielleicht können wir bleiben bis zum Morgen?«

»Natürlich«, antwortete Mutter herzlich und fügte dann mutig hinzu: »Es sind bereits drei Durchfrorene hier, um sich aufzuwärmen. Macht jetzt bitte am Heiligabend keinen Krawall!« Der Unteroffizier hatte begriffen. Barsch verlangte er zu wissen: »Amis?«

Mutter sah jeden einzelnen an und sagte langsam: »Ihr könntet meine Söhne sein und die da drinnen auch. Einer ist verwundet, gar nicht gut dran. Die anderen sind so hungrig und müde wie ihr.« Dann sagte sie zum Unteroffizier: »Es ist Heiligabend; hier wird nicht geschossen!«

Der starrte sie an. Für zwei, drei endlose Sekunden; doch Mutter sagte entschlossen: »Legt das Schießzeug auf das Holz und kommt rein!«

»Tut, was sie sagt!«, knurrte der Unteroffizier.

Wortlos legten sie ihre Waffen in den Schuppen, in dem wir unser Holz aufbewahrten: Drei Karabiner, zwei Pistolen, ein leichtes Maschinengewehr und zwei Panzerfäuste. Den Amerikanern war der Feind nicht verborgen geblieben. Mit dem Mut der Verzweiflung waren sie willens, sich zur Wehr zu setzen. Als alle in der kleinen Stube waren, schienen sie ratlos. Mutter aber war in ihrem Element. Lächelnd suchte sie für jeden eine Sitzgelegenheit. Wir hatten drei Stühle, aber Mutters Bett war groß. Man schwieg sich an, es lag eine Gespanntheit in der Luft. Mutter machte sich wieder ans Kochen. Der Verwundete stöhnte laut auf. Einer der Deutschen beugte sich über ihn. »Sind Sie Sanitäter?«, fragte Mutter.

Er erwiderte: »Nein, aber ich habe bis vor wenigen Monaten in Heidelberg Medizin studiert.« Dann erklärte er den Amerikanern auf Englisch: »Die Wunde ist dank der Kälte nicht entzündet. Aber er hat Blut verloren und braucht Ruhe und kräftiges Essen.«

Jetzt löste sich die Spannung. Der Unteroffizier nahm aus seinem Brotbeutel eine Flasche Rotwein, ein anderer legte ein Kommissbrot auf den Tisch. Mutter schnitt das Brot in Scheiben. Von dem Wein füllte sie etwas in den Becher: »Für den Kranken!« Der Rest wurde aufgeteilt.

Jetzt war alles für das Weihnachtsmahl bereitet. Zwei Kerzen flackerten auf dem Tisch. Am Kopfende saß Mutter auf einer improvisierten Sitzgelegenheit. Bei uns zu Hause war es nicht üblich, laut vor dem Essen zu beten. Doch nun war alles anders. Es war eine feierliche Stimmung. Keinem wäre es eingefallen, sich ohne weiteres über das Mahl herzumachen. Wir fassten einander an den Händen. Mutter sprach mit ergreifender Innigkeit, als ob sie Weihnachten verkündete: »Komm, Herr Jesus, und sei unser Gast ...« Sie schloss mit den Worten: »Und bitte, mach endlich Schluss mit diesem Krieg.«

Als ich mich in der Runde umsah, bemerkte ich Tränen in den Augen der Soldaten. Und niemand schämte sich.

Schließlich gingen wir schlafen. Ich fand noch in Mutters Bett Platz. Nach einem kargen Frühstück zeigte der Unteroffizier den Amerikanern den Weg zu den amerikanischen Linien. Ein deutscher Kompass wechselte den Besitzer. »Passt auf, wo ihr geht. Viele Wege sind vermint. Wenn ihr eure Jabos (= Jagdbomber) hört, winkt ihnen wie der Teufel.« Der Mediziner übersetzte ins Englische. Dann bewaffneten sie sich wieder. Alle umarmten sich fröhlich; man versprach sich wieder zu sehen. »As soon as this damn war is over!« (»Sobald dieser verdammte Krieg vorüber ist!«)

In ganz Amerika ist diese Begebenheit bekannt, in der Feinde zusammentrafen und als Kameraden auseinander gingen. Der frühere amerikanische Präsident Ronald Reagan schrieb im Juli 1985 an Fritz Vincken:

»Während meiner Reise nach West-Deutschland habe ich vom Mut Ihrer Mutter und von Ihrem Mitleid während des Krieges gesprochen. Sie hat junge amerikanische und deutsche Soldaten gleichzeitig aufgenommen und das Mahl an Heiligabend mit ihnen geteilt. Ihre Geschichte muss immer wieder erzählt werden, weil keiner von uns zu viel über Frieden und Versöhnung hören kann.

Das vertrauensvolle Gebet Ihrer Mutter zum Fürst des Friedens: ›Komm, Herr Jesus, sei mit uns‹ vor dem Essen am Heiligen Abend bleibt eine zeitlose Unterweisung für uns alle.« Fritz Vincken

In der US-Fernsehserie »Ungelöste Geheimnisse« kam es im Januar 1996 zu einem Wiedersehen von Fritz Vincken mit den Amerikanern. Einer von ihnen besaß noch immer den deutschen Wehrmachtskompass, von dem er sich nie getrennt hat.

50. Das Kind im steinernen Trog

Hinführung: Wenn uns schon jedes kleine, hilflose Kind aus eingefahrenen Geleisen werfen kann, wie viel mehr das göttliche – wenn wir ihm begegnen!
Vorlesedauer ca. 4 Minuten.

Es war in diesem verdammten Krieg. Vor uns lag ein Dorf im Niemandsland. Vineta, dachten wir. Auf der Landkarte stand ein anderer Name: Ochotlinka. In den Ruinen unter der weißen Schneedecke wohnte nur noch der Tod. Auf beiden Seiten bewachten die Okulare der Scherenfernrohre jede Bewegung.

An einem Morgen hing der graue Himmel tief herab; man konnte nur wenige Meter weit sehen. Ich steckte die Pistole in den Stiefelschacht und kroch aus der Erde. »Bring Zwiebeln und Decken mit!«, rief mir einer nach. Ich hielt mich nach rechts, wo ich den zerschossenen Kirchturm vermutete. Dann begann ich die halben Stuben und die Keller zu durchsuchen. Einige welke Kartoffeln und zwei Fetzen eines handgewebten Teppichs waren die einzige Beute.

Ich wollte an die Mauer der Kirche. Aber wo ich meine Stirn gegen die Steine drücken wollte, war ein Loch in die Wand hineingerissen. Ich ging in das zusammengefallene Kirchenschiff hinein. Das Dach fehlte. Nur über dem Altar hing noch ein Stück Gewölbe, dort fiel ich zu Boden. Neben meinem Gesicht entdeckte ich den kleinen Rest einer Wachskerze. Ich steckte ihn ein. Links fand ich eine Treppe, die in einen Keller hinabführte, unter den Altar. Unten im Halbdunkel eine Tür. Ich stieß sie auf. Dann riss ich die Pistole aus dem Stiefelschacht: Vor mir im Licht einer Öllampe war ein russischer Soldat aufgefahren, der über einen der Steinsärge gebückt stand. Er war ebenso erschrocken wie ich. Genauso schnell wie ich die Pistole hochriss, brachte er seine rechte Hand hoch, zischte und legte den Zeigefinger an die Lippen. Dabei befahl seine linke Hand: Leise, leise!

Behutsam, auf Zehenspitzen, trat ich näher. Zunächst sah ich nur Decken und alte Kleidungsstücke in der Höhlung des Steinbottichs. Dann erkannte ich die Umrisse einer winzigen Faust. Ein Kind lag dort – tief und fest schlafend mit halb geöffnetem Mund. Ein Kind, nicht älter vielleicht als der Ruß in den beiden Panzern draußen. Wir standen so still, dass wir die kleinen Atemzüge hören konnten.

Lange haben wir so gestanden, wir beide, die wir Menschen getötet haben, und haben mit offenem Munde geatmet. Ich weiß nicht, wie lange, aber dann trafen sich unsere Blicke: Sein Auge blickte herab auf meine rechte Hand, in der ich die Pistole hielt und mein Blick ging zu seiner Maschinenpistole, die von der Schulter vor der Hüfte pendelte. So starrten wir auf unsere Hände. Da bewegte sich das Kind im Schlaf. Wir fuhren herum, aufgeschreckt. Ich steckte rasch die Pistole in den Stiefelknecht; der andere schob seine Waffe auf den Rücken. So standen wir wieder und schauten in den Trog. Jetzt hatten wir unsere Hände frei, und da wir sie auf den steinernen Rand stützten, geschah es, dass sie sich einmal berührten. Ich zündete den Kerzenrest an und stellte ihn auf den Rand.

Dann kam die Frau. Sie erschrak nicht und zeigte auch keine Angst. Sie nahm nur das schlafende Kind mit den Decken und Lumpen von uns weg, bettete es in ihre Arme und drehte uns den Rücken zu. Es lag keine Feindseligkeit darin.

Wir legten nieder, was wir hatten: ich die Teppichfetzen und die welken Kartoffeln; er ein Stück Brot, eine Zwiebel und sein Feuerzeug. Dann gingen wir zur Tür und tauchten draußen im weißen Nebel auseinander.

Nach einer Geschichte von Helmut Harms

51. Die Nacht des 24. Dezember

Hinführung: »Mach's wie Gott, werde Mensch!« (Ein Ausspruch von *Bischof Franz Kamphaus*) Am leichtesten finden wir zu Gott über den Menschen.
Vorlesedauer ca. 9 Minuten.

Düster ist der alte Bischofspalast, der Salpeter tropft aus seinen Mauern und in den Winternächten darin zu verweilen, ist eine Qual. Und die Kathedrale daneben ist gewaltig groß, ein Leben reicht nicht aus, um sie ganz zu durchwandern, und es gibt darin ein solches Gewirr von Kapellen und Sakristeien, dass einige nach jahrhundertelanger Verlassenheit noch fast unerforscht sind. Was wird – so fragt man sich – der abgezehrte Erzbischof am Weihnachtsabend ganz allein tun, wenn die Stadt das Fest begeht? Wie wird er der Schwermut Herr werden? Alle haben einen Trost; das Kind hat die Eisenbahn und den Kasperle; das Schwesterchen hat die Puppe; die Mutter hat die Kinder um sich; der Kranke hat eine neue Hoffnung, der alte Junggeselle hat den Gefährten seiner Zerstreuungen, der Häftling die Stimme eines anderen aus der Nachbarzelle. Was aber wird der Erzbischof tun?

Don Valentino, der diensteifrige Sekretär Seiner Exzellenz, lächelte, wenn er die Leute so reden hörte. Der Erzbischof hat Gott am Weihnachtsabend.

Wenn er mutterseelenallein inmitten der eisigen, leeren Kathedrale kniet, könnte er auf den ersten Blick fast Mitleid erwecken. Aber wenn die Leute wüssten! Mutterseelenallein ist er nicht und er friert nicht einmal und fühlt sich nicht verlassen. Am Weihnachtsabend schwebt Gott im Tempel für den Erzbischof und die Kirchenschiffe quellen buchstäblich von Gott über und die Türen können sich nur mühsam schließen.

So ist der Dom an jenem Abend: überströmend von Gott. Und obwohl Don Valentino wusste, dass es nicht seines Amtes war, hielt er sich doch gar zu gerne damit auf, einen Platz für den Gebetsstuhl des Kirchenfürsten zu suchen. Das war freilich etwas anderes als Weihnachtsbäume, Truthühner und Schaumwein. Das war ein Weihnachtsabend! Aber mitten in diesen Gedanken hörte er an eine Tür klopfen.

»Wer klopft am Weihnachtsabend an die Domtür?«, fragte sich Don Valentino. »Haben die Leute noch nicht genug gebetet? Was für eine Sucht hat sie ergriffen?« Mit diesen Worten ging er öffnen und mit einem Windstoß trat ein armer, zerlumpter Mann herein.

»Wie viel von Gott ist hier!«, rief er lächelnd aus und sah sich um. »Wie viel Schönheit! Man spürt es sogar von draußen. Monsignore, könnten Sie mir nicht ein wenig davon abgeben? Denken Sie, es ist der Heilige Abend.«

»Das gehört Seiner Exzellenz, dem Erzbischof«, antwortete der Priester. »Er braucht es in wenigen Stunden. Seine Exzellenz lebt schon wie ein Heiliger, du wirst doch nicht verlangen, dass er jetzt auch auf Gott verzichtet!«

»Und auch nicht ein kleines bisschen könnten Sie mir geben, Hochwürden? Es ist so viel davon da! Seine Exzellenz würde es gar nicht einmal merken!«

»Nein, habe ich gesagt ... du kannst gehen ... der Dom ist für die Allgemeinheit geschlossen«, und er geleitete den Armen mit einem Fünf-Lire-Schein hinaus.

Aber als der Unglückliche aus der Kirche hinausging, verschwand im gleichen Augenblick auch Gott. Bestürzt schaute sich Don Valentino um und forschte in den dunklen Gewölben: selbst da oben war Gott nicht mehr. Dieser prächtige Apparat von Säulen, Statuen, Baldachinen, Altären, Katafalken, Leuchtern und Drapierungen, sonst immer so geheimnisvoll und mächtig, war unversehens düster und ungastlich geworden. Und in ein paar Stunden sollte der Erzbischof kommen! In höchster Erregung öffnete Don Valentino eine der äußeren Pforten und blickte auf den Platz. Nichts. Auch draußen keine Spur von Gott, wiewohl es Weihnachten war. Aus den tausend erleuchteten Fenstern kam das Echo von Gelächter, zerbrochenen Gläsern, Musik und sogar von Flüchen. Keine Glocken, keine Lieder.

Don Valentino ging in die Nacht hinaus, schritt durch die unheiligen Straßen, die von dem Lärm hemmungsloser Gelage widerhallten. Aber er wusste die rechte Anschrift: Als er in das Haus trat, setzte sich die befreundete Familie gerade zu Tisch. Alle sahen einander wohlwollend an und um sie herum war ein wenig von Gott.

»Frohe Weihnachten, Hochwürden«, sagte der Vater. »Wollen Sie nicht unser Gast sein?«

»Ich habe Eile, ihr Freunde«, antwortete er. »Durch eine Unachtsamkeit meinerseits hat Gott den Dom verlassen und Seine Exzellenz kommt gleich zum Gebet. Könnt ihr mir nicht euren Herrgott geben? Ihr seid ja in Gesellschaft und braucht ihn nicht so unbedingt.«

»Mein lieber Don Valentino«, sagte der Familienvater, »Sie vergessen, möchte ich sagen, dass heute Weihnachten ist. Gerade heute sollten meine Kinder ohne Gott auskommen? Ich wundere mich, Don Valentino.« Und im gleichen Augenblick, in dem der Mann so sprach, schlüpfte Gott aus dem Hause, das freundliche Lächeln erlosch und der Truthahnbraten war wie Sand zwischen den Zähnen.

Und wieder hinaus in die Nacht und durch die verlassenen Straßen. Don Valentino lief und lief und erblickte ihn schließlich von Neuem. Er war bis an die Tore der Stadt gekommen und vor ihm breitete sich in der Dunkelheit, leicht im Schneegewande schimmernd, das weite Land. Über den Wiesen und den Zeilen der Maulbeerbäume schwebte Gott, als wartete er. Don Valentino sank in die Knie.

»Aber was machen Sie, Hochwürden?«, fragte ihn ein Bauer. »Wollen Sie sich in dieser Kälte eine Krankheit holen?«

»Schau da unten, mein Sohn! Siehst du nicht?«

Der Bauer blickte ohne Erstaunen dahin. »Das ist unser«, sagte er. »Jede Weihnacht kommt er, um unsere Felder zu segnen.«

»Höre«, sagte der Priester, »könntest du mir nicht ein wenig davon geben? Wir sind in der Stadt ohne Gott geblieben, sogar die Kirchen sind leer. Gib mir ein wenig davon ab, damit wenigstens der Erzbischof ein anständiges Weihnachen feiern kann.«

»Fällt mir nicht im Traum ein, Hochwürden! Wer weiß, welch ekelhafte Sünde ihr in der Stadt begangen habt. Das ist eure Schuld. Seht allein zu.«

»Gewiss, es ist gesündigt worden. Und wer sündigt nicht? Aber du kannst viele Seelen retten, mein Sohn, wenn du mir nur ›ja‹ sagst.«

»Ich habe genug mit der Rettung meiner eigenen zu tun!«, sagte der Bauer mit höhnischem Lachen und – im gleichen Augenblick hob sich Gott von seinen Feldern und verschwand im Dunkel.

Und Don Valentino ging weiter und suchte. Gott schien seltener zu werden und wer ein bisschen davon besaß, wollte nichts hergeben (aber im gleichen Augenblick, da er mit »nein« antwortete, verschwand Gott und entfernte sich immer weiter). Endlich stand Don Valentino am Rande einer grenzenlosen Heide und in der Ferne am Horizont leuchtete Gott sanft wie eine längliche Wolke. Der Priester warf sich in den Schnee auf die Knie. »Warte auf mich, o Herr«, bat er, »durch meine Schuld ist der Erzbischof heute allein geblieben.«

Seine Füße waren zu Eis erstarrt, er lief im Schnee weiter und sank bis ans Knie ein und alle Augenblicke fiel er der Länge nach hin. Wie lange konnte er es noch aushalten?

Endlich, ein Lichtstrahl brach durch den Nebel. Er öffnete ein hölzernes Türchen, es war eine riesige Kirche und in ihrer Mitte betete ein Priester zwischen einigen Lichtern. Und die Kirche war voll des Paradieses.

»Bruder«, seufzte Don Valentino, am Ende seiner Kräfte und mit Eisnadeln bedeckt, »habe Mitleid mit mir. Mein Erzbischof ist durch meine Schuld allein geblieben und braucht Gott. Gib mir ein bisschen von ihm, ich bitte dich.«

Langsam wandte sich der Betende um. Und Don Valentino wurde, als er ihn erkannte, fast noch bleicher, als er ohnedies war.

»Ein gesegnetes Weihnachten dir, Don Valentino«, rief der Erzbischof aus und kam ihm entgegen, ganz von Gott umgeben. »Aber Junge, wo bist du nur hingelaufen? Was hast du um des Himmels willen in dieser eiskalten Nacht draußen gesucht?«

Dino Buzzatti

Weitere geeignete Geschichten:

Nummern 1, 2, 9, 12, 14, 15, 16, 18 – 20, 23 – 38, 43, 52 – 60.

52. Der Hirte mit den Krücken

Hinführung: Nicht alle Senioren haben im Auf und Ab des Lebens ihren Glauben bewahrt oder zum Glauben gefunden. Aber wie immer: Es ist nie zu spät.

Vorlesedauer ca. 3 Minuten.

Es war einmal ein Hirte. Der lebte auf einem Felde in der Nähe Bethlehems. Er war groß und stark, aber hinkte und konnte nur an Krücken gehen. Darum saß er meistens mürrisch am Feuer und sah zu, dass es nicht ausging. Die anderen Hirten fürchteten ihn.

Als den Hirten in der Heiligen Nacht ein Engel erschien und die frohe Botschaft verkündete, da wandte er sich ab. Und als sie sich aufmachten, das Kind zu finden, so wie es ihnen der Engel gesagt hatte, blieb er allein am Feuer zurück. Er schaute ihnen nach, sah, wie das Licht ihrer Lampen kleiner wurde und sich in der Dunkelheit verlor. »Lauft, lauft! Was wird es schon sein? Ein Spuk, ein Traum!«

Die Schafe rührten sich nicht. Die Hunde rührten sich nicht. Er hörte nur die Stille. Er stocherte mit der Krücke in der Glut. Er vergaß frisches Holz aufzulegen.

Und wenn es kein Spuk, kein Traum wäre? Wenn es den Engel gab? Er raffte sich auf, nahm die Krücken unter die Arme und humpelte davon, den Spuren der anderen nach.

Als er endlich zu dem Stall kam, dämmerte bereits der Morgen. Der Wind schlug die Tür auf und zu. Ein Duft von fremden Gewürzen hing in der Luft. Der Lehmboden war von vielen Füßen zertreten. Er hatte den Ort gefunden.

Doch wo war das Kind? Der Heiland der Welt, Christus, der Herr in der Stadt Davids?

Er lachte. Es gab keine Engel. Schadenfroh wollte er umkehren. Da entdeckte er die kleine Kuhle, wo das Kind gelegen hatte, sah das Nestchen im Stroh. Und da wusste er nicht, wie ihm geschah.

Er kauerte vor der leeren Krippe nieder. Was machte es aus, dass das Kind ihm nicht zulächelte, dass er den Gesang der Engel nicht hörte und den Glanz Marias nicht bewunderte! Was machte es aus, dass er nun nicht mit den anderen in Bethlehem durch die Straßen zog und von dem Wunder erzählte!

Was ihm widerfahren war, konnte er nicht mit Worten beschreiben. Staunend ging er davon. Er wollte das Feuer wieder anzünden, bevor die anderen Hirten zurückkamen. Doch als er eine Weile gegangen war, merkte er, dass er seine Krücken bei der Krippe vergessen hatte. Er wollte umkehren. Warum denn? Zögernd ging er weiter, dann mit immer festeren Schritten.

Max Bolliger

53. Ein Kind bringt es fertig

Hinführung: Eine wahre Begebenheit möchte ich vorlesen. Aber wer hat nicht schon Tränen gespürt, wenn das Enkelkind in aller Unbekümmertheit Wahres feststellt?
Vorlesedauer ca. 4 Minuten.

Der Pfarrer lässt seinen Blick noch einmal über die Gemeinde schweifen. Tatsächlich, das ist er: Ernst Herbst. Der unbelehrbare Gotteslästerer und verbissene Atheist besucht den Gottesdienst. Zum ersten Mal seit zehn Jahren.

Der Adventsgesang »Mit Ernst, o Menschenkinder« ist verklungen. Der Pfarrer steht auf der Kanzel. Von hier kann er noch besser die Reihen der Kirchenbesucher übersehen. Nun ist er ganz sicher, dass der Mann, der geduckt im Schatten eines Pfeilers sitzt, kein anderer ist als der, der ihm das Leben in dieser Gemeinde auf Schritt und Tritt zu erschweren sucht. Was führt ihn hierher? Und was hat er da vor sich? Es sieht aus wie eine Zeitung. Liest der Kerl die etwa im Gottesdienst? Zuzutrauen wäre es ihm.

Der Pfarrer lässt ihn nicht aus den Augen. Die Predigt müsste dem Mann hinter dem Pfeiler unerträglich im Gewissen brennen, wenn er noch eins besitzt. Doch sein Gesicht ist nicht zu erkennen. Regungslos sitzt er und starrt auf sein Papier.

In der Sakristei erwartet Küster Schröder ungeduldig den Pfarrer. Es geschehen noch Wunder. Heute ist eins geschehen: der Herbst, der unseren Pfarrer dauernd ärgert ... Nein, es ist nicht zu fassen!

Natürlich war auch dem Küster aufgefallen, dass der unerwartete Kirchgänger eine Zeitung vor sich hatte. Und wer Küster Schröder kennt, wird wissen, dass er so etwas nicht duldet.

»Hereingelassen wird hier jeder, auch der größte Sünder«, sagte er. »Das halten wir wie Jesus. Aber zu benehmen hat er sich so, wie sich das in einem Gotteshaus gehört. Dafür sorge ich.«

Deshalb war er gleich während des ersten Gesangs auf Ernst Herbst zugegangen, um ihm zu sagen: »Steck bitte die Zeitung weg ...« Aber da sah er, dass der Mann gebrochen auf seinem Platz hockte und schluchzte. »Um zu schnüffeln, ist er also nicht gekommen. Das steht fest«, berichtete er dem Pfarrer.

»Dieses Kind hat es fertig gebracht.« Ernst Herbst zeigte auf das Bild seiner Enkelin, als der Pfarrer ihn am Montagabend besuchte. »Nie werden Sie mich wieder in eine Kirche kriegen, hatte ich mir geschworen. Nie! Aber dieses Kind hat es fertig gebracht.«

Er entfaltete die Zeitung, die er mit in der Kirche hatte, ein illustriertes Wochenblatt. Da ist sein kleiner Liebling abgebildet. In einer Umfrage »Was Kinder sich vom Christkind wünschen« hat die Fünfjährige dem Reporter geantwortet: »Einen anderen Großvater. Einen, der auch einmal mit mir in die Kirche geht. Meiner ist so stur. Der tut das nie und ich habe ihn schon so sehr darum gebeten.«

»Aber sie hatten die Kleine doch gar nicht mit«, bemerkte der Pfarrer.

»Noch nicht«, erwiderte Ernst Herbst. »Das war für mich sozusagen erst die Hauptprobe, damit ich mich nicht vor dem Kind blamiere.«

»Sie wussten, dass es Sie hart ankommen würde, nicht wahr? Und wollten das dem Kind nicht zeigen. Ich verstehe das.« Verlegen sieht der bisherige »Gottesleugner« den Pfarrer an. »Ich hätte nicht gedacht, dass ein Kind solche Macht hat.«

»Ja, dass ein Kind solche Macht hat, unseren Sinn zu ändern, das wollen wir immer nicht glauben«, wiederholt der Pfarrer sehr nachdenklich und Ernst Herbst merkt, dass er das Kind in der Krippe meint.

Rudolf Hempel

54. Keine Krippe für die Katz

Hinführung: Eine köstliche Weihnachtsgeschichte des ehemaligen Bischofs von Innsbruck, Reinhold Stecher, der ein Meister darin ist, natürliche Vorgänge übernatürlich zu deuten.
Vorlesedauer ca. 6 Minuten.

Es war im Bregrenzerwald, in einem der wunderbaren Bauernhäuser, in dem ich zu Gast sein durfte. Es war um die Weihnachtszeit und in der heimeligen Stube war neben dem Christbaum eine große Krippe aufgestellt. Alles atmete festliche Feierlichkeit.

Im Haus lebte auch ein behäbiger Kater, der die Wärme liebte und immer auf der Suche nach exquisiten Ruheplätzen war, wie das Kater so an sich haben.

Es gelang ihm auch, am Abend in die Stube zu schleichen, die an sich nicht als sein Nachtquartier vorgesehen war. Auf der Suche nach einem besonders angenehmen Schlafplatz stieß er auf den Stall von Bethlehem. Kurzerhand räumte er die Heilige Familie, einen danebenstehenden Engel sowie Ochs und Esel hinaus und rollte sich dann an heiliger Stätte wohlig zusammen.

Als man am Morgen in die Stube trat, erkannte man den Frevel. Aus dem Hirtenstall blinzelte der faule Kater und über ihm hielten die Engel mit verzückten Gesichtern das Band »Ehre sei Gott in der Höhe«. Sie hatten nämlich die wesentliche Veränderung zu ihren Füßen noch nicht mitbekommen.

Natürlich wurde der Kater hinausgejagt, erhielt für die restliche Weihnachtszeit striktes Stubenverbot und im Übrigen hat man über dieses einmalige Krippenspiel viel gelacht.

Aber wenn ich über diese Geschichte länger nachdenke, ist sie doch ein kleines Verweilen wert, und zwar auch zu dieser Stunde und zu diesem Fest. Die Frage ist doch, ob sich nicht auch bei unseren Krippen heimlich fette Kater einschleichen könnten, die das Heilige ausräumen und sich dann breit in die Mitte legen. Die Frage ist, ob nicht auch unsere Krippen, die uns an sich viel bedeuten, für die Katz sein könnten. Also wollen wir einmal ein wenig Umschau halten nach Katern, die durch unser Dorf und die Wohnungen schleichen und aus den Ställen von Bethlehem das Wunder aller Wunder ausräumen möchten, um sich selbst breit und bequem in die Mitte zu legen.

Ein besonders zutraulich schnurrendes Exemplar, das in so manchen Häusern Eingang findet, ist die *religiöse Oberflächlichkeit*. Sie hält es mit ein paar verblassten Traditionen, dem einen oder anderen aufrecht erhaltenen Brauchtum – aber das alles nimmt man eigentlich nicht ernst. Von der Substanz des Glaubens bleibt nicht viel übrig. Man stellt eine Krippe auf, weil sie zum Haus gehört wie das festliche Kaffeegeschirr oder die überlieferten Glaskugeln am Baum. Eigentlich ist die Krippe nur eine jahreszeitlich bedingte Dekoration. Man kommt bei ihrem Anblick gar nicht auf den Gedanken, aus irgendeinem verborgenen Winkel des Herzens einen Dank dafür aufsteigen zu lassen, dass es Gott so gut mit uns meint. Und damit wird die Krippe ein Brauch für die Katz ...

Ein anderer Katertyp wäre der grantige missgelaunte, bei dem man immer Angst haben muss, dass man beim Streicheln einen Hacker abbekommt. Ich meine mit diesem Kater den Dauerstreit, den Familienzwist, die wachsende Entfremdung, den *Unfrieden*. Die Glorienengel, die wochenlang, die ganze Weihnachtszeit hindurch das Transparent mit »Friede den Menschen auf Erden« halten, müssen sich doch so frustriert vorkommen wie eine Anti-Atom-Demonstration in Tschernobyl, wenn im Haus Hass und Streit herrschen. In diesem Falle hätte sich also ein alter rheumatischer Kater in der Mitte eingerollt, der nach allen Seiten Hiebe austeilt. Und da könnte die Krippe noch so schön sein, sie wär' doch wieder für die Katz. Denn die schönste Krippenbeleuchtung ist ein gewisser Friede im Haus, ein aufeinander Zugehen und ein gegenseitiges Wohlwollen.

Vor einem anderen Katertyp möchte ich auch noch warnen. Er ist fett und selbstbewusst und unser Zeitalter züchtet ihn mit Vorliebe. Er kann bei uns sehr leicht den Platz in der Seele einnehmen, der eigentlich dem Höchsten und dem Heiligsten vorbehalten wäre: Er symbolisiert das *Wohlstandsdenken*, das Immer-mehr-haben-Wollen, das Kreisen aller Gedanken um den materiellen Besitz. Diese Katerart vermag die Krippe besonders gründlich auszuräumen. Da wird die kostbare alte Barockkrippe nur mehr zum Statussymbol und zur Geldanlage und jede Papierkrippe, die sich ein Erstklässler selber baut, ist zehnmal mehr wert. In ihr hat der fette, große Kater gar keinen Platz. Diesem Repräsentanten der Sattheit und des Fressnapfs sollten wir striktes Stubenverbot geben. Die Krippe ist nämlich *kein Symbol des Habens*, sondern des Schenkens. Der Himmel schenkt sich um Weihnachten der Erde und die Hirten und Weisen bringen die Geschenke der Erde dem Himmel.

Es gäbe wahrscheinlich noch ein paar Arten von Katern, auf die man aufpassen müsste – aber wir wollen's bei diesen bewenden lassen. Nehmen wir uns heute doch fest vor, dafür zu sorgen, dass unsere schönen Krippen niemals

»Krippen für die Katz« werden.

Reinold Stecher

55. Der Weihnachtsnarr

Hinführung: Auch auf einer mittelalterlichen Burg durfte ein Narr am Hofe nicht fehlen. Seine Aufgabe war es, bei aller Narretei den Punkt zu treffen, der Weisheit verriet.

Vorlesedauer ca. 4 Minuten.

Im Morgenlande lebte vor zweitausend Jahren ein junger Narr. Und wie jeder Narr sehnte er sich danach, weise zu werden. Er liebte die Sterne und wurde nicht müde, sie zu betrachten und über die Unendlichkeit des Himmels zu staunen. Und so geschah es, dass in der gleichen Nacht nicht nur die Könige Kaspar, Melchior und Balthasar den neuen Stern entdeckten, sondern auch der Narr.

Der Stern ist heller als alle andern, dachte er, es ist ein Königsstern. Ein neuer Herrscher ist geboren. Ich will ihm meine Dienste anbieten, denn jeder König braucht auch einen Narren. Ich will mich aufmachen und ihn suchen. Der Stern wird mich führen.

Lange dachte er nach, was er dem König mitbringen könne. Aber außer seiner Narrenkappe, seinem Glockenspiel und seiner Blume besaß er nichts, was ihm lieb war. So wanderte er davon, die Narrenkappe auf dem Kopf, das Glockenspiel in der einen und die Blume in der andern Hand.

In der ersten Nacht führte ihn der Stern zu einer Hütte. Dort begegnete er einem Kind, das gelähmt war. Es weinte, weil es nicht mit den andern Kindern spielen konnte. Ach, dachte der Narr, ich will dem Kind meine Narrenkappe schenken. Es braucht die Narrenkappe mehr als ein König. Das Kind setzte sich die Narrenkappe auf den Kopf und lachte vor Freude. Das war dem Narr Dank genug.

In der zweiten Nacht führte ihn der Stern zu einem Palast. Dort begegnete er einem Kind, das blind war. Es weinte, weil es nicht mit den andern Kindern spielen konnte. Ach, dachte der Narr, ich will dem Kind mein Glockenspiel schenken. Es braucht das Glockenspiel mehr als ein

König. Das Kind ließ das Glockenspiel ertönen und lachte vor Freude. Das war dem Narr Dank genug.

In der dritten Nacht führte ihn der Stern zu einem Schloss. Dort begegnete er einem Kind, das taub war. Es weinte, weil es nicht mit den andern Kindern spielen konnte.

Ach, dachte der Narr, ich will dem Kind meine Blume schenken. Es braucht die Blume mehr als ein König. Das Kind betrachtete die Blume und lachte vor Freude. Das war dem Narr Dank genug.

Nun bleibt mir nichts mehr, dachte der Narr, was ich dem neuen König mitbringen könnte. Es ist wohl besser, wenn ich umkehre. Aber als der Narr zum Himmel emporschaute, stand der Stern still und leuchtete heller als sonst. Da fand er den Weg zu einem Stall mitten auf dem Feld. Vor dem Stall begegnete er drei Königen und einer Schar Hirten. Auch sie suchten den neuen König. Er lag in einer Krippe, war ein Kind, arm und bloß. Maria, die eine frische Windel übers Stroh breiten wollte, schaute hilfesuchend um sich. Sie wusste nicht, wo sie das Kind so lange hinlegen sollte. Josef fütterte den Esel und alle andern waren mit Geschenken beladen. Die drei Könige mit Gold, Weihrauch und Myrrhe, die Hirten mit Wolle, mit Milch und Brot. Nur der Narr stand da mit leeren Händen. Voll Vertrauen legte Maria das Kind auf seine Arme.

Er hatte den König gefunden, dem er in Zukunft dienen wollte. Er wusste auch, dass er seine Narrenkappe, sein Glockenspiel und seine Blume für dieses Kind hingegeben hatte. Und das Kind schenkte ihm nun mit seinem Lächeln die Weisheit, nach der er sich sehnte.

Max Bolliger

56. Die Engelgeschichte

Hinführung: Jeder Mensch kann ein Engel ohne Flügel sein. Wenn einem gesagt wird: »Du bist ein Engel«, dann bedeutet das höchstes Lob.
Vorlesedauer ca. 7 Minuten.

Mariechen war sechzig Jahre lang ein Engel.

Als sie noch ein Kind war, lernte sie schwer in der Schule. Darum sollte sie auch keine Rolle in dem Krippenspiel bekommen, das jedes Jahr zu Weihnachten von den Kindern der letzten Schulklasse aufgeführt wurde. Es war ein altes Spiel mit langen, schwierigen Versen. Die Hauptrollen konnten sich nur sehr gescheite Schüler merken. Doch eine kleine Rolle bekam fast jeder, sei es als Hirte, Bauer, Soldat, Ochs oder Esel. Alle hatten einige Worte herzusagen. Nur Mariechen durfte nicht mitmachen, denn sie konnte beim besten Willen nichts behalten. Darüber war sie sehr unglücklich.

Endlich war es so weit, dass die Kostüme anprobiert wurden, die so alt wie das Krippenspiel waren. Sie wurden jedes Jahr, wenn es nötig war, geflickt und enger, weiter, länger oder kürzer gemacht. Die Hirten steckten in groben Kitteln, Maria hatte einen schönen Umhang und Josef einen Schlapphut. Die Tiere trugen Köpfe aus Pappmaschee und hüllten sich in richtiges Fell. Aber das Eindrucksvollste waren die Flügel, die der Engel bekam. Sie waren aus Gänsefedern und reichten vom Boden, den sie mit den Spitzen streiften, bis hoch über den Kopf hinaus. Sie wurden mit ledernen Riemen kreuzweise über der Brust festgeschnallt und waren sehr schwer.

In diesem Jahr spielte ein Kind den Engel, das genauso aussah, wie man sich einen Engel vorstellt: schmal und lang und mit wunderschönen blonden Haaren. Als es einen ganzen Nachmittag mit den Flügeln geprobt hatte, brach es in Tränen aus und sagte, es könnte mit diesen Dingern auf dem Rücken nicht so lange herumstehen, die Flügel seien ihm viel zu schwer. Es blieb nichts anderes übrig, als die schweren Federflügel in die Ecke zu stellen und statt ihrer dem Engel leichte Flügel aus Goldpapier zu kleben.

Als alle Kinder wieder auf der Bühne standen, schnallte sich Mariechen, die für ihr Alter groß und kräftig war, die verschmähten Flügel um. Ihr waren sie nicht zu schwer. Sie ging auf die Bühne, stellte sich hinter den Goldpapierengel und lächelte glücklich, mit einem feuerroten Gesicht. Und niemand brachte es übers Herz, Mariechen zu vertreiben. So traten in dem Krippenspiel diesmal zwei Engel auf: einer, der die vielen Verse hersagte, und ein anderer, der stumm und stolz daneben stand.

Im Frühjahr gingen alle Kinder, die mitgespielt hatten, von der Schule ab. Nur Mariechen blieb sitzen. Darum war sie noch einmal dabei, als das Krippenspiel aufgeführt wurde, und war wieder der stumme Engel. Ganz selbstverständlich nahm sie danach die großen Flügel mit nach Hause und steckte sie hinter ihre Kleider in den Schrank.

Weil Rechnen, Lesen und alles, was man sonst noch lernen musste, Mariechen auch weiterhin schwer fiel, blieb sie ein zweites Mal sitzen. Manche munkelten, dass es Mariechen darauf angelegt hatte, um wieder den Engel spielen zu können; aber das war sicher nicht so. Denn auch in den folgenden Jahren, als sie in der Lehre war, erschien Mariechen mit ihren Flügeln, wenn die Proben für das Krippenspiel begannen.

Jetzt wurde sie bereits überall das Engelmariechen genannt. Das gefiel ihr und sie mochte es, wenn die Leute zu ihr sagten: »Du bist wirklich ein Engel!« Sie sagten das oft zu ihr, weil Mariechen anpackte und half, wo sie konnte. Und Mariechen tat alles, damit sie es recht oft sagten. Sie schichtete Holz, sie passte auf die kleinen Kinder auf, brachte Pakete zur Post, grub Gemüsebeete um, hing Wäsche auf, rührte stundenlang Pflaumenmus, schaufelte Schnee, putzte Silber und war überall zur Stelle, wo sie gebraucht wurde.

Einmal wurde sie sogar gebeten, anstelle des Weihnachtsmannes zu bescheren. Vor dem Weihnachtsmann hatten die Kinder Angst, doch vor Mariechen nicht. Darauf war sie sehr stolz. Pünktlich stand sie mit ihren Flügeln zur ausgemachten Zeit vor der Tür. Sie ließ sich von den Kindern Gedichte aufsagen, sang mit ihnen und kippte dann den Sack aus, in den die Eltern vorher Geschenke gesteckt hatten.

Und mit der Zeit wollten immer mehr Leute das Engelmariechen zum Bescheren haben. Um niemanden zu vergessen und um nichts durcheinander zu bringen, mussten sich alle bei ihr in ein kleines Buch eintragen. Diese Voranmeldungen nahm Mariechen vom ersten Advent an entgegen. Nur die Zeit für die Proben zum Krippenspiel wurde ausgespart, denn Mariechen legte großen Wert darauf, nicht eine einzige zu versäumen.

Sonst aber eilte sie vor Weihnachten in jeder freien Stunde durch die Straßen. Sie trug hohe Schnürstiefel und hatte die Flügel über ihren Wintermantel geschnallt. Wenn es schneite, schützte sie die Federn mit einem Regenumhang, der weit gebauscht hinter ihr herwehte. Stets hüpften und sprangen einige Kinder um sie herum. Es war nicht leicht, einen Termin bei Mariechen zu bekommen, denn sie war fast immer ausgebucht. Und nach wie vor stand Mariechen beim Krippenspiel als stummer Engel auf der Bühne.

Sie war mit der Zeit recht rundlich geworden. Ihre Haare wurden erst grau und dann weiß. Nur Fremde, die zufällig das Spiel sahen, wunderten sich über den alten Engel zwischen all den Kindern. Und nur Leute, die neu zuzogen, lachten, wenn sie das Engelmariechen zum ersten Mal zur Weihnachtszeit auf der Straße sahen. Im Jahr darauf lachten sie schon nicht mehr, denn da hatten sie bereits herausgefunden, dass Mariechen ein Engel war.

Sie hat nie geheiratet, das fand sie nicht angemessen. Von verheirateten Engeln hatte sie nie gehört. Als sie nicht mehr gut zu Fuß war, kam sie ins Seniorenheim. Die Flügel schienen von Jahr zu Jahr schwerer zu werden. Doch nie wäre Mariechen eingefallen, sich welche aus Goldpapier über den Rücken zu hängen. Immer noch lief sie in der Weihnachtszeit mit den mächtigen Flügeln herum, bescherte die Kinder und war beim Krippenspiel dabei.

Mariechen war sechzig Jahre lang ein Engel. Im letzten Frühjahr ist sie gestorben. Da hat man die Flügel unten in den Sarg gelegt und das Mariechen darauf. So ist sie begraben.

Margret Rettich

57. Der Weihnachtsengel

Hinführung: Menschen nehmen das Wort Engel wieder mehr in den Mund. Mindestens ein Dutzend Bücher erscheinen jährlich zum Thema »Engel«. Am Ende der folgenden Geschichte wird gesagt: »Sie sind unser Weihnachtsengel!«

Hinweis: »Kraft« gilt hier als Vorname.

Vorlesedauer ca. 6 Minuten.

Es gibt Tage, die für allein stehende Menschen schwer zu ertragen sind. Am Weihnachtsabend, an dem Fest, da die Familienangehörigen zueinander streben, um gemeinsam das große freudige Fest zu feiern, empfindet der Einsame sein auf sich selbst gestelltes Dasein als belastend.

Es war das erste Christfest seit dem Tode meiner Frau Dolina und ich erwog, ob ich nicht besser zu dieser Zeit verreisen und das Fest an einem fremden Ort begehen sollte. Aber mein treuer Freund, Kraft Graf von Henckel Donnersmarck, erbot sich, aus Bayern zu mir zu kommen und mit mir das Fest zu feiern. Auch Jurik Sakidalski gesellte sich zu uns. Kraft kam schon am Nachmittag zum Tee zu mir. Mein Freund Rudolf schenkte mir den schönsten Tannenbaum meines Lebens, es war die Spitze einer alten Edeltanne, die über und über mit großen Zapfen behangen war. Man brauchte nur einige wenige Kugeln und einige Kerzen daran zu befestigen und der Baum in seinem natürlichen Schmuck sah wie eine Wundertanne aus.

Kraft und ich beschlossen, vor dem Fest auf den Friedhof zu gehen und Dolinas Grab zu besuchen. Ich vergaß, dass es im Winter früh dunkel wird, und als ich aus dem Fenster schaute, war es schon fast finster; wir machten uns auf, zweifelnd, ob wir noch Einlass finden würden. Die Friedhofskapelle war erleuchtet und Menschen strömten nach beendetem Gottesdienst der Pforte zu. Wir nahmen die Gelegenheit wahr und eilten zum Grab. Dann kehrten wir schweigend um. Es war dunkel und kalt, ein dünner Regen, der beinahe in Schnee überging, nieselte auf uns herab. Kein Mensch war weit und breit zu sehen. Die Pforten waren geschlossen.

Wir sahen uns verdutzt an. Was sollten wir tun? Die Häuser jenseits des Friedhofs waren nicht erleuchtet. Ein Pförtnerhaus gab es nicht innerhalb des Geländes. Wir hatten unsere Haustür offen gelassen, damit Jurik hereinkommen könne. Er wusste, dass wir Dolinas Grab besuchen wollten. Vielleicht würde er uns erretten. Aber wie lange würde es dauern, bis er begriff, dass man uns eingesperrt hatte, und würde er überhaupt auf diese Idee kommen? Wir waren ratlos. Es hatte keinen Zweck zu rufen, denn weit und breit sah man keine Menschenseele. Wir standen ratlos da, es wurde uns kalt und wir begannen auf und ab zu gehen. Die Pforten waren aus Schmiedeeisen und sehr hoch, auch der Drahtzaun war neu und hoch; an ein Überklettern war nicht zu denken. Mit Wehmut dachten wir an das warme Haus, an die frohen Menschen, die in der ganzen christlichen Welt sich um den geschmückten Tannenbaum versammelten. Wir waren zwei Lebende am Ort der Toten. Es war nichts Unheimliches an dieser Situation. Sicherlich dachten wir an manche Gespenstergeschichten, die wir aus unserer Kindheit kannten, aber viel mehr bekümmerte uns, wie wir diese Nacht in der Kälte und im Regen überstehen sollten.

In der Dunkelheit sahen wir eine Gestalt vom Friedhofsgelände auf uns zukommen. Es war eine alte Frau. Wir dachten, sie sei vielleicht die Beschließerin und freuten uns, dass wir nun die Gelegenheit hätten, hinauszukommen, aber sie war wie wir eine Besucherin. Sie näherte sich uns und fragte, ob die Tore denn verschlossen seien. Eine Weile stand sie sinnend da, dann kam ihr offenbar ein Gedanke. »Wenn Sie hier herauswollen, dann folgen Sie mir.«

Trotz ihres hohen Alters lief sie behend vor uns her; wir hatten Mühe, das Tempo einzuhalten. Kreuz und quer rannte sie durch die Pfade des Friedhofs, manchmal entschwand sie unseren Blicken und es fiel uns schwer, sie in der Dunkelheit zu finden. Nach einem Marsch, der eine Viertelstunde dauerte – uns kam diese Zeit wie eine Ewigkeit vor –, gelangten wir an ein Törchen. Die Frau oder der Engel rüttelte daran, mit einem quietschenden Ton ging es auf und wir waren in Freiheit.

Alles war ganz natürlich vor sich gegangen; wir waren froh, den Rückweg gefunden zu haben, und dankten der Frau für die Errettung. Wir nahmen sie bis zur Kirche, die sie noch besuchen wollte, im Auto mit.

»Wissen Sie, dass Sie unser rettender Engel sind? Gott muss Sie gerade zu diesem Zeitpunkt zu uns gesandt haben; wir wären sonst aus dem Friedhof nicht herausgekommen und hätten sicherlich die seltsamste Weihnachtsnacht unseres Lebens verbracht«, sagte ich zu ihr.

Sie wehrte ab. »Was, ich ein Engel, ich bin eine einfache alte Frau. Ich hatte mich am Grabe meines Mannes versäumt und nicht bemerkt, dass es schon so spät war. Da es mir im Sommer schon einmal passiert war, dass ich mich verspätete, und heraus musste ich doch, da fand ich am anderen Ende das bewusste Pförtchen, dessen Schloss verrostet ist, und daran erinnerte ich mich heute. Sehen Sie, so kann sogar die Unordnung der Menschen zum Segen gereichen. Aber ein Engel bin ich nicht, wirklich nicht!«

Wir aber antworteten: »Wissen Sie denn nicht: Die meisten Engel, Erzengel Raphael an der Spitze, zeigten sich nicht in der Gestalt eines Engels, sondern verkleideten sich als Wandersmänner oder als Handwerker. Lassen Sie uns den Glauben, dass der Herr Sie uns in dieser für uns ausweglosen Situation als rettenden Boten gesandt hat, um uns zu befreien. Sie sind unser Weihnachtsengel!«

Wladimir Lindenberg

58. Missbrauchte Weihnacht

Hinführung: Wenn heutzutage Jesus Christus durch den Weihnachtsrummel ginge, würde er erkennen, warum er Mensch wurde?
Vorlesedauer ca. 5 Minuten.

Weihnachten! Aus allen Schaufenstern springt einem dieses Wort entgegen. Was steckt wohl dahinter?

Durch eine große Tür trat Christus, der Herr, in ein vornehmes Kaffeehaus, das eine »Weihnachtsfeier« ankündigte. Herren im Abendanzug, junge, elegant gekleidete Damen traten ein. Im Saal überall kleine schneeweiß gedeckte Tische, von rosa Kerzen erleuchtet. In silbernen Eimern stehen eisgekühlte Champagnerflaschen mit goldenen Kapseln.

Eine Frau wandte sich um und als sie Christus, den sie für einen Bettler hielt, erblickte, machte sie entrüstet dem Kellner ein Zeichen: »Was, solche Leute lassen Sie uns hier herein!?«

Der Kellner stürzte sich dem Gast entgegen. »Was haben Sie hier zu suchen?«

Christus sah ihn ruhig an: »Was ich hier suche? Wüsstest du, um was ich bitte?«

»Nur auf der Straße bettelt man!«, entgegnete der Kellner. Und schon drängte er ihn hinaus.

Der unerkannte Christus ließ sich von der Menge tragen, die sich wie ein Strom zwischen Geschäften und Häusern dahinwälzte. Spielsachen, Pelze, Schmuck, Feinkost, einige Weihnachtsmänner! – nirgends eine Krippe! Ein Paar ging an ihm vorüber. Es schienen ehrliche, gute Bürger zu sein. Christus, der Herr, folgte ihnen in ihr Haus. Die Gäste kamen, alle waren fröhlich. Man setzte sich zu Tisch, aß und trank. »Denkt euch«, sagte einer, »ich habe mir eine Christmette angesehen.«

»Oh«, riefen belustigt die anderen, »was weiter?«

»Es wiegt kein Symphoniekonzert auf, aber es war immerhin interessant.«

An keiner Wand der Wohnung hing ein Kreuz, nirgends stand eine Krippe. Nicht lange ertrug Christus ihre törichte Unterhaltung. Er wanderte weiter.

Bald stand er vor dem Eingang einer großen Schule. Auf einer Ankündigungstafel an der Tür las er: Weihnachtsfeier für die Kinder des dritten Bezirks. Er trat ein. Hunderte von Schülern waren versammelt. Spielsachen, Bonbons und Bücher wurden an sie verteilt. Gewinne wurden mit viel Lärm verlost. Aber auch hier gab es keine Krippe. Und niemand erwähnte das Christkind. Christus, der Herr, ging mit dem Gefühl ungeheurer Einsamkeit im Herzen fort. Er war der Fremde.

Das war also die Wirklichkeit: Zweitausend Jahre nach Bethlehem kam Christus »zu den Seinen und die Seinen nahmen ihn nicht auf«, wie der Apostel Johannes sagt. Heute aber kam noch ein Anderes dazu: Die Seinen missbrauchten ihn!

Sie nahmen wohl das Weihnachtsbrauchtum, aber die geheiligte Wurzel des Festes traten sie mit Füßen. Wohl behielten sie die Festfreude bei, aber selbst der Name des Urhebers dieser Freude ist vergessen!

Müde kam Christus in einen der erbärmlichen Vororte dieser Stadt. Ein hell beleuchtetes Haus zog seine Aufmerksamkeit auf sich. Er näherte sich und erblickte durch die Scheiben sein Bild an der Wand. Weiter in der Ecke stand eine hell erleuchtete Krippe. Ein junger Mann kam gerade aus der Tür. »Man friert schnell bei dieser eisigen Kälte«, rief er ihm zu. »Ja, mir ist sehr kalt«, entgegnete Christus.

»Dann kommen Sie doch herein. Wir haben ein gutes Feuer.«

Männer und Frauen umstanden in der Nähe des Ofens einen Mann, der ihnen von dem Unendlichen sprach, der sich unter dem Bilde des Kindes in der Krippe verbirgt. Vom Sohne Gottes, der vor zweitausend Jahren in die Geschichte der Menschen einbrach, um uns Verlorenen das Heil zu bringen.

Christus, der Herr, sah langsam einen nach dem anderen an, bis sein Blick auf dem jungen Pfarrer haften blieb: »Sind Sie allein, mein Freund?«, fragte Christus.

»Ja, wir sind nur noch wenige«, kam die Antwort.

Da machte Christus, der Herr, eine Bewegung, welche die ganze Stadt zu umfassen schien, deren Oberflächlichkeit und materialistische Einstellung er gesehen hatte, und mit unvergesslicher Stimme sagte er: »Mich erbarmt dieses Volkes!« *P. Pierre Le Eremite*

59. Heute ist die Heilige Nacht

Hinführung: Im Zweiten Weltkrieg gab es trotz aller Brutalität auch viele Begebenheiten zwischen Feinden, die Hoffnung machen, dass das Menschliche in ihnen nicht ganz verloren ging. So kann auch Jesus eine Chance bekommen.

Vorlesedauer ca. 4 Minuten.

Beim Dorf Schibnowo brach die weite russische Steppe ab und stürzte zur Worja hinunter – dem kleinen Fluss, der unvergessen bleiben wird. Scheinwerfer tasteten den Himmel ab. Leuchtkugeln schossen hoch; hin und wieder bellte einsam eine Pak (Panzerabwehrkanone).

Schweigend stampften zwei deutsche Wachtposten ihre Runde. Sie hörten die Stimme des Krieges und lauschten auf die Stimme des Herzens, die im lärmenden Hass schweigen musste: »Friede auf Erden und den Menschen ein Wohlgefallen!«

Plötzlich zuckten sie zusammen. Ein schwaches Geräusch drang aus der Tiefe des Worjatales herauf. Unten sprachen russische Frauen, dazwischen tönte ein jämmerliches Stöhnen wie das eines wunden Tieres. Dann war es wieder still.

Was weiter geschah, kam den beiden Soldaten, wenn sie es später durchdachten, wie ein Märchen vor und war doch ein Stück ihres Lebens gewesen: Aus einem Schneeloch zogen sie eine alte russische Frau und brachten sie zum Feldwebel, weil sie die Frau nicht verstanden. Es stellte sich nun heraus, dass ihre Tochter Maria im Tal vor Schwäche zusammengebrochen war, weil ihre Stunde nahe sei. Schnell stiegen drei Soldaten den Flusshang hinunter, wickelten das arme Geschöpf in eine Decke und trugen es in den Bunker auf eine Pritsche. Neben ihr kauerte die alte Frau und in beider Augen spiegelten sich die Lichter des kleinen Weihnachtsbaumes wider, den die Männer mit Kerzen von Daheim geschmückt hatten.

Die Soldaten hatten sich auf die andere Seite des Bunkers zurückgezogen. Ihre Gedanken waren geteilt, sie galten ihren Angehörigen in der Heimat, aber auch dem Seltsamen dieser Stunde in diesem Raum.

Ein junger Bursche, der durch den Krieg frühzeitig zum Mann geworden war, hatte allen Spott, der ihn sonst auszeichnete, verloren. Unentschlossen drehte er ein Päckchen zwischen den Händen. Dann aber erhob er sich jäh, ging zu Maria und schob ihr den Karton zu.

»Da, kannst essen, ist von meiner Mutter«, sagte er stockend. Die junge Frau schaute ihn an, als habe sie ihn verstanden, sie nickte dankbar. Die alte Frau murmelte russische Gebete, bekreuzigte sich und schlug auch über ihre Tochter das Kreuzzeichen.

Der Sanitätsfeldwebel vom Nachbarbunker war geholt und in das Geheimnis eingeweiht worden. Er richtete alles notdürftig her. Und während jetzt im linken Abschnitt die Stalinorgel losdröhnte und die deutsche Artillerie Antwort sandte – schenkte Maria, die kleine russische Frau, einem Sohn das Leben und der Sanitäter wickelte ihn in keimfreie Mullbinden. Einer von den Soldaten sagte: »Kameraden, heute ist wirklich heilige Nacht!« Da sangen die Männer, die den Tod kannten und das Leben liebten: »Stille Nacht, heilige Nacht ...«

Maria aber, die kleine russische Mutter, lächelte verklärt und lauschte dem Lied der fremden Soldaten.

P. Löffler

60. Die Legende vom Baum im Paradies

Hinführung: Legenden haben einen wahren Kern. Die fromme Fantasie der Menschen sieht Verbindungen, die der Glaube beflügelt. So hören wir die Legende vom Baum im Paradies.
Vorlesedauer ca. 5 Minuten.

Oft hatte Adam seinen Kindern von den schönen Tagen im Paradies erzählt. Er senkte ihnen mit seinen Geschichten eine Sehnsucht ins Herz, die alle Menschen zu allen Zeiten seitdem in sich tragen: die Sehnsucht nach paradiesischem Frieden, frei von Angst, Schrecken und jeglicher Not. Schließlich auch frei von Krankheiten und vom Sterben.

Als Adam den Tod nahen fühlte, sagte er zu seinem Sohn Seth: »Mache dich auf, mein Sohn. Geh bis an die Pforten des Paradieses. Wirf einen Blick hinein und komm zurück und berichte mir, was du gesehen hast.«

Seth brach auf und gelangte nach langer, mühevoller Wanderung zum Eingang des Paradieses. Schon von weitem blendete ihn die helle Lichtgestalt des Engels, der dort Wache hielt. Sein flammendes Schwert glich zuckenden Blitzen und Seth vermochte nicht, sich dem Garten zu nähern.

»Ich kenne den letzten Wunsch deines Vaters Adam«, sprach der Engel. »Verhülle dein Haupt, presse die Hände gegen die Augen und tritt näher heran.«

Seth tat, wie der Engel ihm befohlen hatte, und schritt vorwärts, ohne zu sehen, wohin er seinen Fuß setzte. Endlich sagte der Engel: »Nun schau! Aber wende dich nicht nach mir um. Kein Mensch kann den Himmelsglanz ertragen!«

Da nahm Seth die Hände von den Augen. Er sah die Herrlichkeit des Gartens Eden und er schaute und schaute. Es war ihm wie im Traum: Die wunderschönen Blumen, die spielenden Tiere, die Bäume und Gräser, ein Bild vollkommener Schönheit. Nur ein Baum reckte trockene Äste in den Himmel, kein grünes Blatt an seinen Zweigen, Risse in der Rinde, ein schwarzer, toter Riese. Das war der Lebensbaum. Da fiel Seth ein, was sein Vater Adam und seine Mutter Eva getan hatten. Er wurde sehr traurig. Er schloss die Augen und wollte umkehren. Doch der Engel befahl ihm: »Öffne die Augen und sieh!«

Seth gehorchte. Und er erblickte in dem dürren Geäst des Lebensbaumes eine Schlange. Die hatte seine Eltern so schändlich betrogen. Er presste voll Schauder seine Hände gegen die Augen und wollte fliehen. Aber der Engel sprach: »Sohn des Adam, schau ein letztes Mal in die Herrlichkeit des Gartens.« Und noch einmal wagte Seth einen Blick in das Paradies. Da sah er schwebend in dem Lebensbaum eine Lichtgestalt, einen Menschen, ein Knabe noch.

»Das ist eure Hoffnung«, sagte der Engel. »Wenn die Zeit sich erfüllt hat, wird Gott seinen Sohn senden. Er hat es versprochen. Nicht für immer werdet ihr verloren sein.« Seth konnte sich von dem Anblick nicht losreißen. Der Engel aber sagte: »Nun kehre zurück zu deinem Vater und berichte, was du gesehen hast.«

Da bedeckte Seth sein Haupt mit seinem Mantel. Bevor er sich jedoch auf den Rückweg machte, bat er den Engel: »Gib mir ein Zeichen, damit mein Vater weiß, dass ich wirklich die Herrlichkeit des Paradieses geschaut habe.« Der Engel schenkte Seth drei Körner. »Samen von dem Baum, von dem Adam und Eva gegessen haben«, sagte der Engel. »Lege sie unter die Zunge Adams, wenn er gestorben ist und du ihn zu Grabe trägst.«

Als Seth zurückgekehrt war, erzählte er alles, was er erlebt und gesehen hatte. Adams Augen begannen zu glänzen. Ein Leuchten legte sich über sein Gesicht, als aus Seths Worten das Bild des Gartens Eden wuchs.

Bald darauf starb er hochbetagt. Seth legte ihm die Samen unter die Zunge, wie der Engel gesagt hatte. Aus Adams Grab wuchsen drei Bäume hervor. Im Laufe der Jahrhunderte wuchsen die drei Stämme zu einem zusammen. Der Baum wurde schließlich gefällt. Einen mächtigen Balken schlugen die Zimmerleute daraus. Der wurde für eine Brücke über den Kidronfluss verwendet. Später, viel später, geriet in Vergessenheit, woher der Balken stammte. Aber als der Kreuzesbalken für Jesus, den Messias, gebraucht wurde, da nahmen die Menschen eben diesen Brückenbalken vom Kidronbach, den Balken vom Baum des Lebens.

So geschah es, dass von diesem Baum zuerst Verderben und Tod ausgingen, dann aber durch den Tod Jesu aus eben diesem Holze die Erlösung zum ewigen Leben kam.

Nacherzählt von Willi Fährmann

Weitere geeignete Geschichten

Nummern 1–3, 4, 5, 8–10, 12, 16, 18–20, 22–31, 36, 37, 39–42, 44–51.

QUELLENNACHWEIS

Wie Ochs und Esel an die Krippe kamen, Karl Heinz Waggerl,
aus: Und es begab sich, © Otto Müller Verlag, Salzburg, 50. Auflage 2000
Geteiltes Licht brennt heller, Max Bolliger, © Max Bolliger, Weesen, Schweiz
Vom Weihnachtslicht, Rolf Krenzer, aus: Krenzer/Fritz, 100 einfache Texte zum Kirchenjahr, © Verlag Ernst Kaufmann, Lahr/Kösel Verlag, München
Der allerkleinste Tannenbaum, Masahiro Kasuya, © Friedrich Wittig Verlag GmbH, Kiel
Wozu die Liebe den Hirtenknaben veranlasste, Karl Heinz Waggerl,
aus: Und es begab sich, © Otto Müller Verlag, Salzburg, 50. Auflage 2000
Mitten unter den Tieren, Renate Cyrus, © Renate Cyrus, Munderkingen
Ein Geschenk für Weihnachten, Anne Faber, © Veronika Faber, München
Der neue König braucht auch Tölpel, Max Bolliger, © Max Bolliger, Weesen, Schweiz
Zwiegespräch an der Krippe, Walter Baudet, © Walter Baudet
Der störrische Esel und die süße Distel, Karl Heinz Waggerl, aus: Und es begab sich, © Otto Müller Verlag, Salzburg, 50. Auflage 2000
Von der Flöte mit den sieben Tönen, Dan Lindholm,
© Verlag Freies Geistesleben & Urachhaus GmbH, Stuttgart
Schuster Konrad, Marita Lorentz, © Marita Lorentz, Hildesheim
Die Tiere im Stall von Bethlehem, René Leudesdorff, © René Leudesdorff
Die Geschichte des Eselchens, Barbara Cratzius, © Barbara Cratzius, Heikendorf
Ein Stern ging auf, Willi Fährmann, © Willi Fährmann, Xanten
Der uralte Hirte von Bethlehem, Rudolf Otto Wiemer,
© Rudolf Otto Wiemer Erben, Hildesheim
Kara erzählt die Weihnachtsgeschichte, Renate Günzel-Horatz,
© Patmos Verlag GmbH & Co. KG, Düsseldorf
Räuber Rinaldo erinnert sich, Hans Baumann, © Elisabeth Baumann, Murnau
Schenk mir Hände, Elfriede Becker, aus: E. Becker, A. Fuchshuber, Adventskalender »Kinder sehen dich an«, © Verlag Ernst Kaufmann, Lahr
Das Niklas-Schiff, Paul Keller,
© Bergstadtverlag Wilhelm Gottlieb Korn GmbH, Würzburg/Stuttgart

Jakob malt ein Weihnachtsbild, Lene Mayer-Skumaz, aus: Jakob und Katharina,
© Verlag Herder, Freiburg

Der Sternmaler, Bettina Ewerbeck, aus: Der Sternmaler, © Verlag Herder, Freiburg, 1992

Rauch verhüllt die Sterne von Kalkutta, Elfriede Becker, aus: D. Steinwede, S. Ruprecht, Vorlesebuch Religion 2, © Verlag Ernst Kaufmann, Lahr

Zwei Briefe an das Christkind, Rosa Maria Slévi, © Rosa Maria Slévi

Hannas schönstes Weihnachtsgeschenk, Rolf Krenzer, © Rolf Krenzer, Dillenburg

Roberto spinnt, Bruno Schlatter, © Bruno Schlatter

Die Könige mit den kahlen Köpfen, Ursula Berg, © Ursula Berg, Wuppertal

Drei Könige lernen teilen, Gerhard Engelsberger, aus: Gerhard Engelsberger, Wunde Seele – aufrechter Gang. Abendspaziergänge mit Gott, © Kreuz Verlag, Stuttgart 1998

Warum der Großvater den Fernsehkrimi versäumte, Gudrun Pausewang, © Gudrun Pausewang, Schlitz

Die Legende vom Räuber Titus, Dietrich Steinwede, aus: Wie das Gesicht eines Engels, © Gütersloher Verlagshaus GmbH, Gütersloh

Janine feiert Weihnachten, Werner Wollenberger, aus: Mielitz, Sei uns willkommen schöner Stern, © Verlag Ernst Kaufmann, Lahr

Hilfe, die Herdmanns kommen, Barbara Robinson, © Verlag Friedrich Oetinger, Hamburg

Papa, Charly hat gesagt, Ute Blaich, © Ute Blaich, Garstedt

Heimkehr, Georg Schwikart, aus: Georg Schwikart (Hg.), Materialbuch Advent und Weihnachten, © Matthias-Grünewald-Verlag, Mainz, 2. Auflage 1995, S. 77 f.

Die Gruppe würde ihn Feigling nennen, Dietrich Steinwede, aus: Helmut Ludwig, Die Weihnachtspalme, © Quell/Gütersloher Verlagshaus GmbH, Gütersloh

Es gibt keine Engel, Horst Glameyer, © Horst Glameyer, Cuxhaven

Liesel will im Gefängnis bleiben, Ernst Klee, © Ernst Klee, Frankfurt

Der sterbende Stern, Roland Breitenbach, aus: Roland Breitenbach, Seht, der Befreier kommt. Geschichten zur Weihnachtszeit, © Reimund Maier Verlag, 4. Auflage, 2001

Was für ein Fest, Marie Luise Kaschnitz, aus: Gesammelte Werke, Band 4 © Insel Verlag Frankfurt am Main 1983

Die Landstrassengeschichte, Margret Rettich, aus: Margret Rettich, Wirklich wahre Weihnachtsgeschichten, © Annette Betz Verlag 1976, neu 1991

Mein Heinrich, Barbara Hug, aus: Barbara Hug, Weihnachtsglanz, © Kreuz Verlag, Stuttgart 1997

Unterwegs zur Freude, Ellen Bucher, aus: Ellen Bucher, Unterwegs zur Freude, © Verlag Herder, Freiburg 1987

Brief des alten Vaters; Ich bin der Vater, aus: Briefe, die das Leben schrieb. Aktion Leben, Information der Gemeinschaft zum Schutz des menschl. Lebens 2 C/83, S. 87

Märchen vom Auszug aller Ausländer, Helmut Wöllenstein, © Helmut Wöllenstein

Weihnachtliche Lehrstunde, Lotte Brüggmann-Eberhardt, © Lotte Brüggmann-Eberhardt

Die drei sonderbaren Gaben, Werner Reiser, © Werner Reiser, Basel, Schweiz

Die Kupfermünze, Joe Federer, © Joe Federer

Die Herbergssuche, Wilhelm Hünermann, © Peter Hünermann, Rottenburg

Versöhnung ist möglich, Fritz Vincken, aus: Leben in Fülle, Kalender 2001, © Prvinzialat der Herz Jesu Priester

Das Kind im steinernen Trog, stark gekürzt nach einer Geschichte von Herlmut Harms, in: H. Nitschke (Hg.), Und alle wunderten sich. Siebenstern-Taschenbuch 104

Die Nacht des 24. Dezember, Dino Buzzatti, © Gütersloher Verlagshaus GmbH, Gütersloh

Der Hirte mit den Krücken, Max Bolliger, © Max Bolliger, Weesen, Schweiz

Ein Kind bringt es fertig, Rudolf Hempel, aus: Rudolf Hempel, Die Welt ist voller Engel, © Ludwig Bechauf Verlag, Steinhagen

Keine Krippe für die Katz, Reinhold Stecher, aus: Reinhold Stecher, Heiter – besinnlich rund um den Krummstab, © Verlagsanstalt Tyrolia, Innsbruck, 8. Auflage 1997

Der Weihnachtsnarr, Max Bolliger, © Max Bolliger, Weesen, Schweiz

Die Engelgeschichte, Margret Rettich, aus: Margret Rettich, Wirklich wahre Weihnachtsgeschichten, © Annette Betz Verlag 1976, neu 1991

Der Weihnachtsengel, Wladimir Lindenberg, aus: Wladimir Lindenberg, Gottes Boten unter uns, © Ernst Reinhardt Verlag München / Basel, 8. Auflage 1999, S. 164-166

Missbrauchte Weihnachten, P. Pierre Le Eremite, aus: Anton Hellmann, Als Ministrant durchs Kirchenjahr,
© Verlag Herder, Freiburg, 8. Auflage 1995

Heute ist die Heilige Nacht, P. Löffler, © P. Löffler

Die Legende vom Baum im Paradies, Willi Fährmann, © Willi Fährmann, Xanten